# 高速公路运营管理手册

## BCHD Expressway Operational Management Manual

## （服 务 区 篇）

BCHD 06—2022

**主编单位**:北京市首都公路发展集团有限公司
**实施日期**:2022 年 10 月 1 日

人民交通出版社股份有限公司
北 京

## 内 容 提 要

北京市首都公路发展集团有限公司(以下简称"首发集团")依据国家相关法律、法规等文件,结合首发集团实际工作情况,编制本手册。本手册的编制目的是更好地服务于首都政治、经济、文化各项事业,为用户提供快速、畅通、安全、文明的通行环境和优质服务。

本手册(服务区篇)由总则、组织机构、管理职责、服务区管理规范、服务区工作程序、服务区管理办法、服务区管理单位应急方案、服务区检查与考核等内容组成。

本手册(服务区篇)适用于首发集团所辖高速公路运营管理工作中的服务区管理及服务。

**图书在版编目(CIP)数据**

高速公路运营管理手册. 服务区篇 / 北京市首都公路发展集团有限公司主编. — 北京 :人民交通出版社股份有限公司, 2023.1

ISBN 978-7-114-18165-8

Ⅰ. ①高… Ⅱ. ①北… Ⅲ. ①高速公路—服务设施—交通运输管理—北京—手册 Ⅳ. ①U491-62

中国版本图书馆 CIP 数据核字(2022)第 152566 号

Gaosu Gonglu Yunying Guanli Shouce(Fuwuqu Pian)

**书 名:** **高速公路运营管理手册**(服务区篇)
**著 作 者:** 北京市首都公路发展集团有限公司
**责任编辑:** 刘 彤 周佳楠
**责任校对:** 孙国靖 宋佳时
**责任印制:** 张 凯
**出版发行:** 人民交通出版社股份有限公司
**地 址:** (100011)北京市朝阳区安定门外外馆斜街 3 号
**网 址:** http://www.ccpcl.com.cn
**销售电话:** (010)59757973
**总 经 销:** 人民交通出版社股份有限公司发行部
**经 销:** 各地新华书店
**印 刷:** 北京市密东印刷有限公司
**开 本:** 880×1230 1/16
**印 张:** 10.25
**字 数:** 284 千
**版 次:** 2023 年 1 月 第 1 版
**印 次:** 2023 年 1 月 第 1 次印刷
**书 号:** ISBN 978-7-114-18165-8
**定 价:** 80.00 元
(有印刷、装订质量问题的图书,由本公司负责调换)

# 关于下发《高速公路运营管理手册》的通知

各运营单位：

为加强规范化管理，提高运营管理水平，北京市首都公路发展集团有限公司高速公路运营管理部组织修订了2022年版《高速公路运营管理手册》（养护篇01、路产篇02、绿化篇03、桥涵篇04、隧道篇05、服务区篇06）。本套手册自2022年10月1日起施行。

望各运营单位认真做好《高速公路运营管理手册》的推行和培训工作。

**北京市首都公路发展集团有限公司**

**2022年9月**

# 《高速公路运营管理手册(服务区篇)》

## 编审委员会


**主　　任**　张　闽　张恒利

**副 主 任**　刘绍民

**主　　审**　孔祥杰

**审定人员**　郭建才　张　堃

**主　　编**　付边疆

**副 主 编**　韩　鹏　冯　楠　张　杰

**编写人员**　钟祥宇　韩　腾　李　根　谷继新　张　洋　丁诗楠　李泊洋　张　健　张卿莲　周　剑　张　喆　籍一凡

# 目　录

# 第1章　总则

## 1.1　目的

《高速公路运营管理手册(服务区篇)》以更好地贯彻“创新、协调、绿色、开放、共享”新发展理念为目的,以《交通强国建设纲要》《国家综合立体交通网规划纲要》为指引,全面落实国务院《“十四五”现代综合交通运输体系发展规划》以及交通运输部《公路“十四五”发展规划》,牢牢把握北京“四个中心”城市战略定位,担负北京“四个服务”职责使命,围绕“聚焦路客需求,持续服务创新”服务理念,助力高速公路服务区运营管理高质量发展。

## 1.2　适用范围

本手册适用于北京市首都公路发展集团有限公司(简称“集团公司”或“首发集团”)授权经营管理的服务区及停车区,政府部门及其他业主单位授权经营管理的服务区及停车区参照执行。

首发集团授权经营的服务区:田家府服务区、百葛服务区、阪泉服务区、窦店服务区、韩村河服务区、马驹桥服务区、永乐停车区、土沟停车区、求贤停车区。

政府委托经营管理的服务区:北务服务区。

## 1.3　管理方针

管理精细化,服务人本化,经营品牌化。

## 1.4　管理目标

服务区管理立足公益性基本定位,加强统筹规划,综合考虑交通量、高峰时段分布、沿线资源等因素,以“一区一策”为原则对服务区进行分类规划,合理确定服务区类别、功能和发展定位。规范高速公路服务区运营管理,突出首都北京区域特色,打造高速公路服务区首善服务标准,构建服务区标准化运营管理体系。优化服务区经营模式,推动服务区可持续发展,提升智能化服务水平,做好成本管控,提升服务品质,促进服务区运营服务与经营业务协同发展,服务路客美好出行。

## 1.5 管理内容

停车场管理。负责高速公路各服务区停车场的客货车停车位、危化品车位、牲畜车停车位、无障碍停车位的保洁、维护、维修,保证服务区停车场停车有序,为用户出行打造综合服务平台。

公共卫生间管理。负责高速公路各服务区的男女卫生间、无障碍卫生间、临时卫生间的保洁管理及应急处突工作,并按照公共卫生间管理规范进行检查,保证服务区内的环境整洁。

公共场区、设备设施管理。负责高速公路各服务区的公共休息区、母婴室、开水间、无障碍设施、污水处理设施、照明、制冷供暖等设备设施的巡查、维护维修,以及服务区消防、防汛、除雪铲冰等应急处突预案的制订与相关培训工作。

加油站管理。根据国家、北京市政府有关政策法规及定价标准,负责高速公路各服务区加油站的经营管理工作,保证油品品质,提供优质服务。

便利店管理。根据国家、北京市政府有关政策法规及定价标准,负责高速公路各服务区便利店的经营管理工作,保证货品质量,提供优质服务。

餐饮管理。根据国家、北京市政府有关政策法规及定价标准,负责高速公路各服务区餐饮的经营管理工作,为用户提供卫生、健康、便捷的餐饮服务。

充电站、换电站管理。根据国家、北京市政府有关政策法规及定价标准,负责高速公路各服务区充电站、换电站的管理工作,保证油品品质,提供优质服务。

延伸服务、新业态管理。根据国家、北京市政府有关政策法规及定价标准,负责高速公路各服务区餐饮的延伸服务与新业态开发管理,为用户提供新颖、便捷的出行服务。

# 第 2 章　组织机构

## 2.1　管理层级

服务区管理实行统一领导、分级管理、分级负责的管理体制,即"集团公司——服务区管理单位——服务区管理中心"的三级管理体制,对高速公路服务区的日常运营和经营进行管理服务区管理组织机构如图 2.1-1 所示。

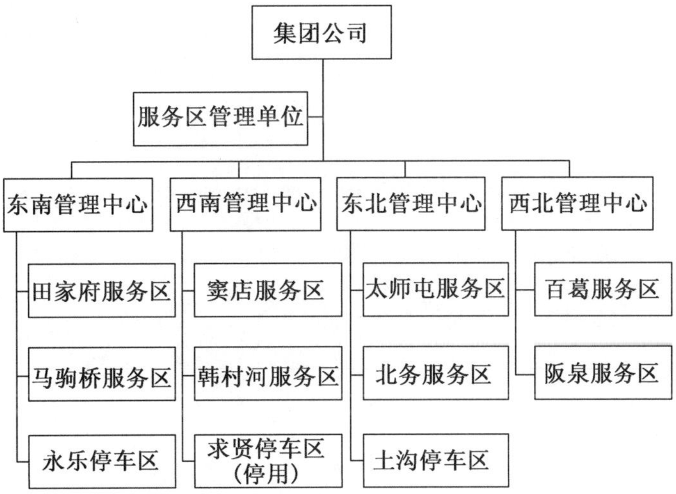


图 2.1-1　服务区管理组织机构图

### 2.1.1　集团公司

集团公司负责服务区的总体规划、运营管理指导、经营管理指导、监督检查等职责。

### 2.1.2　服务区管理单位

服务区管理单位为服务区业务板块的经营管理责任主体,负责集团公司所辖高速公路服务区运营服务及设施经营,组织各服务区开展日常运营和经营管理工作。

### 2.1.3　服务区管理中心

服务区管理中心负责具体落实本片区各服务区的日常运营和经营管理工作,为服务区基层管理单位。各服务区负责做好服务区公益性服务和经营性服务的保障工作,为司乘人员提供停车、加油、充电、如厕、休息、餐饮、购物等服务。

## 2.2 管辖服务区基本情况

### 2.2.1 田家府服务区(表2.2-1和图2.2-1)

**表2.2-1 田家府服务区基本信息表**

| | | | | | |
|---|---|---|---|---|---|
| 服务区名称 | 田家府服务区 | | | | |
| 所在位置 | G1京哈高速公路16km处 | | | | |
| 布局形式 | 双侧分离 | | 投入使用时间 | 2000年9月 | |
| 产权隶属单位 | 北京市首都公路发展集团有限公司 | | | | |
| 占地面积 | $61000m^2$ | | | | |
| 建筑面积 | $11016.60m^2$ | 绿化面积 | $6605.7m^2$ | 停车场面积 | $19861.25m^2$ |
| 服务设施情况 | | | | | |
| 照明灯数量 | 8个 | 监控探头数量 | 12个 | | |
| 便利店数量 | 2个 | 加油站数量 | 2座 | 加油机数量 | 10个 |
| 国家电网充电站数量 | 2座 | 充电枪头数量 | 18个 | 蔚来换电站数量 | 2座 |
| 停车位数量 | 194个 | | | | |
| 无障碍车位数量 | 4个 | 小车位数量 | 147个 | 大车位数量 | 47个 |
| 女士停车位数量 | 0个 | 危化品车位数量 | 2个 | 牲畜车位数量 | 2个 |
| 男厕位数 | 45个 | | 女厕位数 | 34个 | |
| 无障碍卫生间数量 | 2个 | | 母婴室数量 | 2个 | |
| AED(自动体外除颤仪) | 1套(2023年投入) | | | | |
| 相关情况介绍及延伸服务 | | | | | |
| 田家府服务区位于北京市通州区张家湾镇,北侧紧邻北京环球度假区、东侧毗邻北京城市副中心,同时也是暑期前往北戴河景区的必经之路。服务区设有便利店、餐饮、加油站、国家电网充电站、蔚来汽车换电站、ETC(电子不停车收费)充值等经营业态,配有开水器、卫生间、母婴室、无障碍卫生间24h无偿为顾客提供服务。同时为顾客提供小药箱、针线盒、手机充电站、汽车轮胎充气、旅游咨询、失物招领等延伸服务 | | | | | |

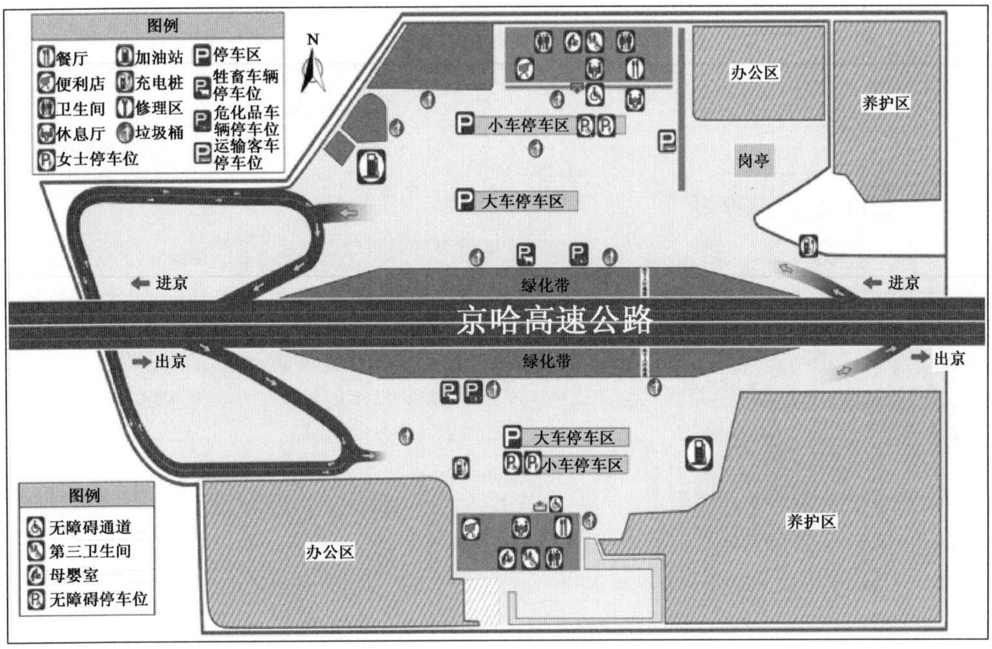


图 2.2-1　田家府服务区示意图

## 2.2.2　马驹桥服务区(表 2.2-2 和图 2.2-2)

**表 2.2-2　马驹桥服务区基本信息表**

| | | | | | |
|---|---|---|---|---|---|
| 服务区名称 | 马驹桥服务区 | | | | |
| 所在位置 | G2 京沪高速公路 11.5km 处 | | | | |
| 布局形式 | 双侧分离 | | 投入使用时间 | 1990 年 10 月 | |
| 产权隶属单位 | 北京首发投资控股有限公司 | | | | |
| 占地面积 | 65713m$^2$ | | | | |
| 建筑面积 | 7636.18m$^2$ | 绿化面积 | 319.9m$^2$ | 停车场面积 | 14751.36m$^2$ |
| 服务设施情况 | | | | | |
| 照明灯数量 | 4 个 | 监控探头数量 | 8 个 | | |
| 便利店数量 | 2 个 | 加油站数量 | 2 座 | 加油机数量 | 10 个 |
| 国家电网充电站数量 | 2 座 | 充电枪头数量 | 14 个 | 蔚来换电站数量 | 1 座 |
| 停车位数量 | 148 个 | | | | |
| 无障碍车位数量 | 3 个 | 小车位数量 | 104 个 | 大车位数量 | 44 个 |
| 女士停车位数量 | 2 个 | 危化品车位数量 | 2 个 | 牲畜车位数量 | 2 个 |
| 男厕位数 | 90 个 | | 女厕位数 | 70 个 | |
| 无障碍卫生间数量 | 4 个 | | 母婴室数量 | 0 个 | |
| 相关情况介绍及延伸服务 | | | | | |
| 马驹桥服务区位于北京市通州区马驹桥镇,是物流运输的重要通道。服务区设有便利店、餐饮、加油站、国家电网充电站、蔚来汽车换电站、ETC 充值等经营业态,配有开水器、卫生间、无障碍卫生间 24h 无偿为顾客提供服务。同时为顾客提供小药箱、针线盒、手机充电站、汽车轮胎充气、旅游咨询、失物招领等延伸服务 | | | | | |

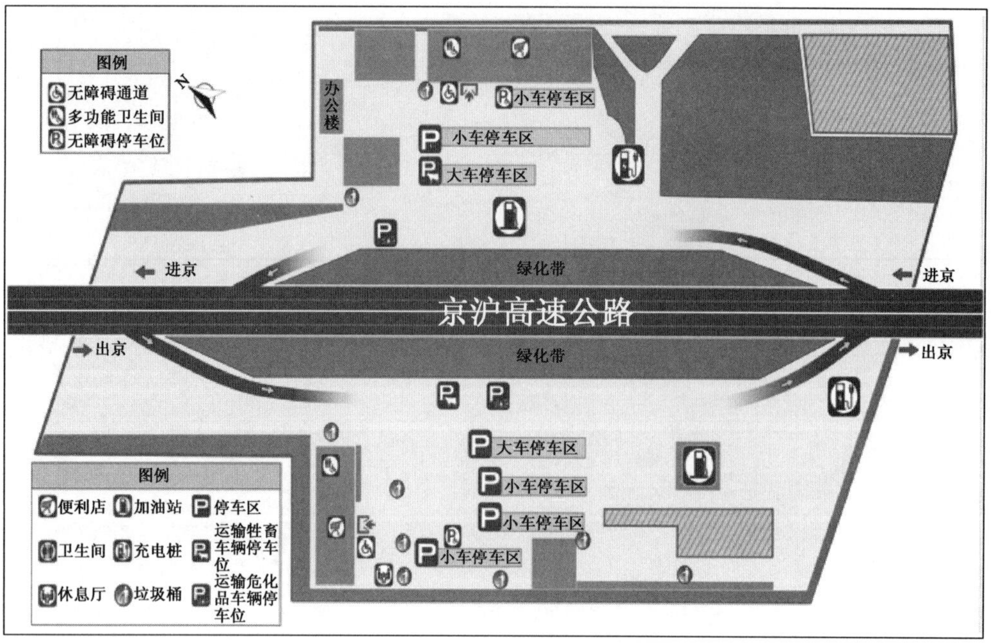


图 2.2-2　马驹桥服务区示意图

## 2.2.3　窦店服务区(表 2.2-3 和图 2.2-3)

**表 2.2-3　窦店服务区基本信息表**

| | | | | | |
|---|---|---|---|---|---|
| 服务区名称 | 窦店服务区 | | | | |
| 所在位置 | G4 京港澳高速公路 38km 处 | | | | |
| 布局形式 | 双侧分离 | | 投入使用时间 | 1993 年 11 月 | |
| 产权隶属单位 | 北京市首都公路发展集团有限公司 | | | | |
| 占地面积 | 71592m$^2$ | | | | |
| 建筑面积 | 10282.61m$^2$ | 绿化面积 | 10139.76m$^2$ | 停车场面积 | 9679.76m$^2$ |
| 服务设施情况 | | | | | |
| 照明灯数量 | 14 个 | 监控探头数量 | 18 个 | | |
| 便利店数量 | 2 个 | 加油站数量 | 2 座 | 加油机数量 | 16 个 |
| 国家电网充电站数量 | 2 座 | 充电枪头数量 | 10 个 | 蔚来换电站数量 | 1 座 |
| 停车位数量 | 206 个 | | | | |
| 无障碍车位数量 | 4 个 | 小车位数量 | 180 个 | 大车位数量 | 26 个 |
| 女士停车位数量 | 2 个 | 危化品车位数量 | 2 个 | 牲畜车位数量 | 2 个 |
| 男厕位数 | 89 个 | | 女厕位数 | 119 个 | |
| 无障碍卫生间数量 | 2 个 | | 母婴室数量 | 2 个 | |
| AED | 1 套(2023 年投入) | | | | |
| 相关情况介绍及延伸服务 | | | | | |
| 窦店服务区位于北京市房山区窦店镇。服务区设有便利店、餐饮、加油站、国家电网充电站、蔚来汽车换电站、ETC 充值等经营业态,配有开水器、卫生间、母婴室、无障碍卫生间 24h 无偿为顾客提供服务。同时为顾客提供小药箱、针线盒、手机充电站、汽车轮胎充气、旅游咨询、失物招领等延伸服务。2017 年被交通运输部评为“全国百佳示范服务区” | | | | | |

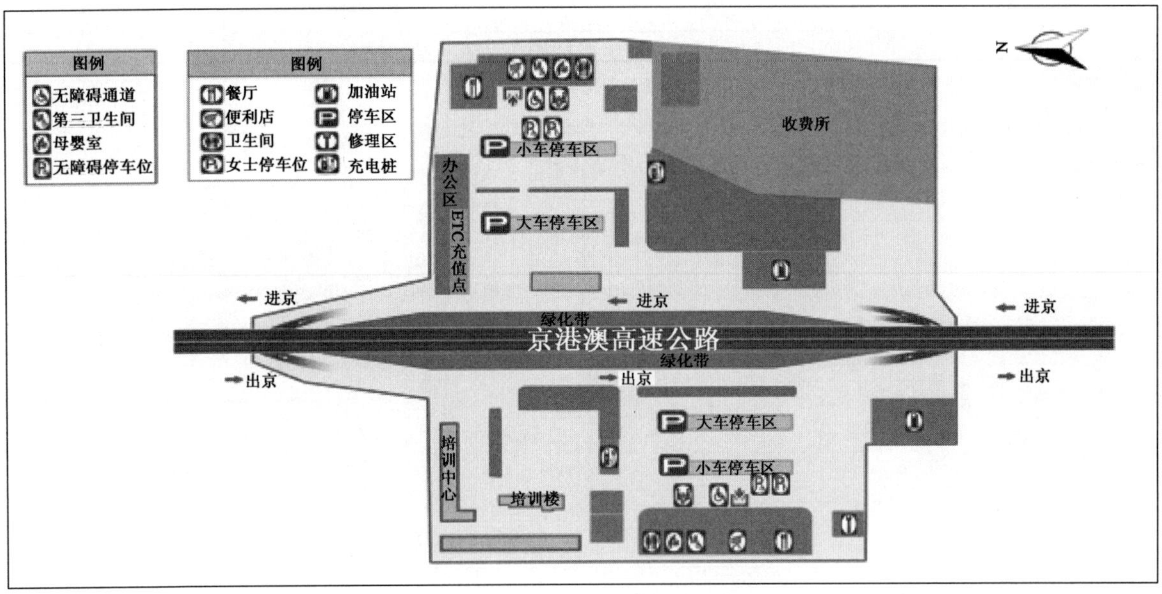


图 2.2-3　窦店服务区示意图

## 2.2.4　韩村河服务区(表 2.2-4、图 2.2-4)

**表 2.2-4　韩村河服务区基本信息表**

| 服务区名称 | 韩村河服务区 | | | | |
|---|---|---|---|---|---|
| 所在位置 | G5 京昆高速公路 37km 处 | | | | |
| 布局形式 | 双侧分离 | | 投入使用时间 | 2016 年 12 月 | |
| 产权隶属单位 | 北京市首都公路发展集团有限公司 | | | | |
| 占地面积 | $60000m^2$ | | | | |
| 建筑面积 | $4499.8m^2$ | 绿化面积 | $18184m^2$ | 停车场面积 | $33314.82m^2$ |
| 服务设施情况 | | | | | |
| 照明灯数量 | 5 个 | 监控探头数量 | 20 个 | | |
| 便利店数量 | 2 个 | 加油站数量 | 0 座 | 加油机数量 | 0 个 |
| 国家电网充电站数量 | 2 座 | 充电枪头数量 | 16 个 | 蔚来换电站数量 | 0 座 |
| 停车位数量 | 255 个 | | | | |
| 无障碍车位数量 | 6 个 | 小车位数量 | 206 个 | 大车位数量 | 49 个 |
| 女士停车位数量 | 2 个 | 危化品车位数量 | 2 个 | 牲畜车位数量 | 2 个 |
| 男厕位数 | 68 个 | | 女厕位数 | 54 个 | |
| 无障碍卫生间数量 | 2 个 | | 母婴室数量 | 2 个 | |
| 相关情况介绍及延伸服务 | | | | | |
| 韩村河服务区位于北京市房山区石楼镇,是前往十渡风景区的最佳路线。服务区设有便利店、餐饮、国家电网充电站等经营业态,配有开水器、卫生间、母婴室、无障碍卫生间 24h 无偿为顾客提供服务。同时为顾客提供小药箱、针线盒、手机充电站、汽车轮胎充气、旅游咨询、失物招领等延伸服务。韩村河服务区(进京方向)设有“司机之家”,为司机提供休息、洗漱、淋浴、洗衣等服务 | | | | | |

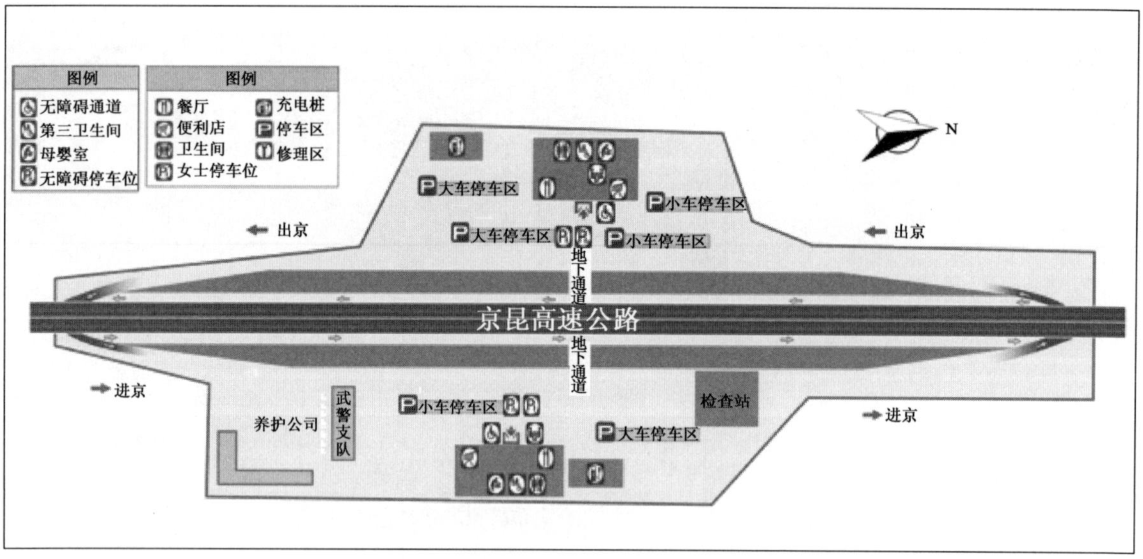


图 2.2-4　韩村河服务区示意图

## 2.2.5　百葛服务区(表 2.2-5 和图 2.2-5)

**表 2.2-5　百葛服务区基本信息表**

| | | | | | |
|---|---|---|---|---|---|
| 服务区名称 | 百葛服务区 | | | | |
| 所在位置 | G6 京藏高速公路 27km 处 | | | | |
| 布局形式 | 双侧分离 | | 投入使用时间 | 1999 年 10 月 | |
| 产权隶属单位 | 北京市首都公路发展集团有限公司 | | | | |
| 占地面积 | $48000m^2$ | | | | |
| 建筑面积 | $8420m^2$ | 绿化面积 | $24385m^2$ | 停车场面积 | $8200m^2$ |
| 服务设施情况 | | | | | |
| 照明灯数量 | 23 个 | 监控探头数量 | 8 个 | | |
| 便利店数量 | 1 个 | 加油站数量 | 2 座 | 加油机数量 | 9 个 |
| 国家电网充电站数量 | 1 座 | 充电枪头数量 | 10 个 | 蔚来换电站数量 | 1 座 |
| 停车位数量 | 138 个 | | | | |
| 无障碍车位数量 | 2 个 | 小车位数量 | 115 个 | 大车位数量 | 23 个 |
| 女士停车位数量 | 1 个 | 危化品车位数量 | 1 个 | 牲畜车位数量 | 1 个 |
| 男厕位数 | 41 个 | | 女厕位数 | 56 个 | |
| 无障碍卫生间数量 | 1 个 | | 母婴室数量 | 1 个 | |
| AED | 1 套 | | | | |
| 相关情况介绍及延伸服务 | | | | | |
| 百葛服务区位于北京市昌平区马池口镇,周边拥有享誉国内外的八达岭长城、八达岭野生动物园、居庸关长城、十三陵、十三陵水库等景区。服务区设有便利店、餐饮、加油站、国家电网充电站、蔚来汽车换电站等经营业态,配有开水器、卫生间、母婴室、无障碍卫生间 24h 无偿为顾客提供服务。同时为顾客提供小药箱、针线盒、手机充电站、汽车轮胎充气、旅游咨询、失物招领等延伸服务 | | | | | |

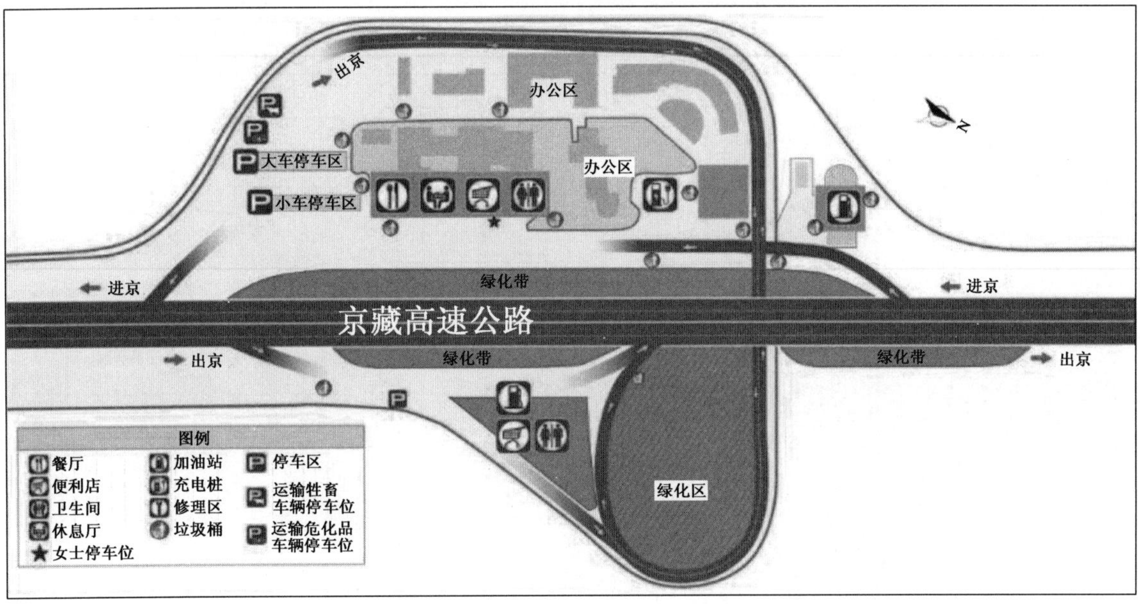


图 2.2-5　百葛服务区示意图

## 2.2.6　太师屯服务区(表 2.2-6 和图 2.2-6)

**表 2.2-6　太师屯服务区基本信息表**

| | | | | | |
|---|---|---|---|---|---|
| 服务区名称 | 太师屯服务区 | | | | |
| 所在位置 | S11 京承高速公路 112.5km 处 | | | | |
| 布局形式 | 双侧分离 | | 投入使用时间 | 2009 年 9 月 | |
| 产权隶属单位 | 北京市首都公路发展集团有限公司 | | | | |
| 占地面积 | $50000m^2$ | | | | |
| 建筑面积 | $8399.64m^2$ | 绿化面积 | $15340.2m^2$ | 停车场面积 | $23795.48m^2$ |
| 服务设施情况 | | | | | |
| 照明灯数量 | 4 个 | 监控探头数量 | 62 个 | | |
| 便利店数量 | 2 个 | 加油站数量 | 2 座 | 加油机数量 | 10 个 |
| 国家电网充电站数量 | 2 座 | 充电枪头数量 | 8 个 | 蔚来换电站数量 | 1 座 |
| 停车位数量 | 232 个 | | | | |
| 无障碍车位数量 | 4 个 | 小车位数量 | 201 个 | 大车位数量 | 31 个 |
| 女士停车位数量 | 0 个 | 危化品车位数量 | 2 个 | 牲畜车位数量 | 2 个 |
| 男厕位数 | 68 个 | | 女厕位数 | 54 个 | |
| 无障碍卫生间数量 | 2 个 | | 母婴室数量 | 2 个 | |
| 相关情况介绍及延伸服务 | | | | | |
| 太师屯服务区位于北京市密云区太师屯镇,周边景区较多,距古北水镇 14.6km,距雾灵山国家森林公园 24.6km,距密云白龙潭自然风景区 10.2km。服务区设有便利店、餐饮、加油站、国家电网充电站、蔚来汽车换电站等经营业态,配有开水器、卫生间、母婴室、无障碍卫生间 24h 无偿为顾客提供服务。同时为顾客提供小药箱、针线盒、手机充电站、汽车轮胎充气、旅游咨询、失物招领等延伸服务 | | | | | |

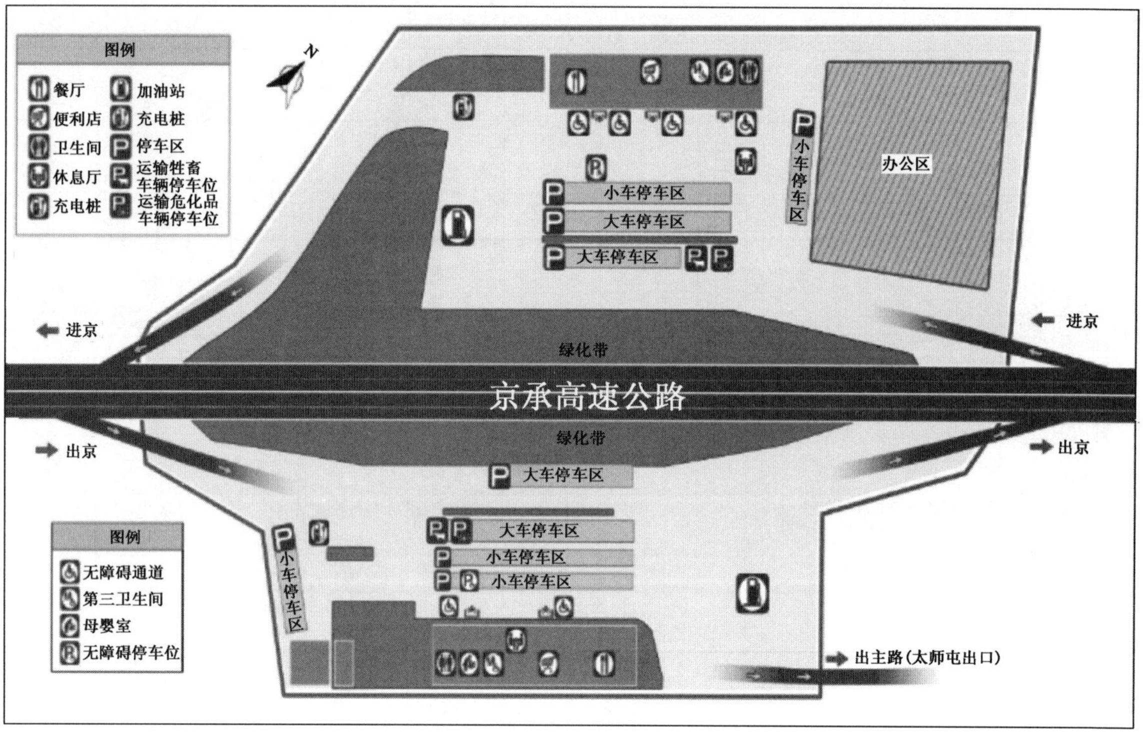


图 2.2-6 太师屯服务区示意图

## 2.2.7 阪泉服务区(表 2.2-7、图 2.2-7)

**表 2.2-7 阪泉服务区基本信息表**

| | | | | | |
|---|---|---|---|---|---|
| 服务区名称 | 阪泉服务区 | | | | |
| 所在位置 | S3801 京礼高速公路 53.5km 处 | | | | |
| 布局形式 | 双侧分离 | | 投入使用时间 | 2020 年 1 月 | |
| 产权隶属单位 | 北京市首都公路发展集团有限公司 | | | | |
| 占地面积 | $166000m^2$ | | | | |
| 建筑面积 | $6120m^2$ | 绿化面积 | $0m^2$ | 停车场面积 | $120000m^2$ |
| 服务设施情况 | | | | | |
| 照明灯数量 | 6 个 | 监控探头数量 | 54 个 | | |
| 便利店数量 | 1 个 | 加油站数量 | 0 座 | 加油机数量 | 0 个 |
| 国家电网充电站数量 | 1 座 | 充电枪头数量 | 32 个 | 蔚来换电站数量 | 0 座 |
| 停车位数量 | 157 个 | | | | |
| 无障碍车位数量 | 12 个 | 小车位数量 | 111 个 | 大车位数量 | 46 个 |
| 女士停车位数量 | 0 个 | 危化品车位数量 | 3 个 | 牲畜车位数量 | 3 个 |
| 男厕位数 | 86 个 | | 女厕位数 | 58 个 | |
| 无障碍卫生间数量 | 1 个 | | 母婴室数量 | 1 个 | |
| 相关情况介绍及延伸服务 | | | | | |
| 阪泉服务区位于北京市延庆区张山营镇,进出京服务区被北京冬奥组委确定为冬奥会(冬残奥会)非竞赛场馆,并命名为“延庆阪泉综合服务中心”,在冬奥会(冬残奥会)举办期间成为高山滑雪、雪车雪橇场馆的“前哨站”和“中转站”,承担了人员安检、疫情防控、验证验票、交通组织等重要功能。阪泉服务区周边有北京世园公园、松山、玉渡山、龙庆峡等旅游景区。服务区设有便利店、餐饮、加油站、国家电网充电站等经营业态,配有开水器、卫生间、母婴室、无障碍卫生间 24h 无偿为顾客提供服务。同时为顾客提供小药箱、针线盒、手机充电站、汽车轮胎充气、旅游咨询、失物招领等延伸服务 | | | | | |

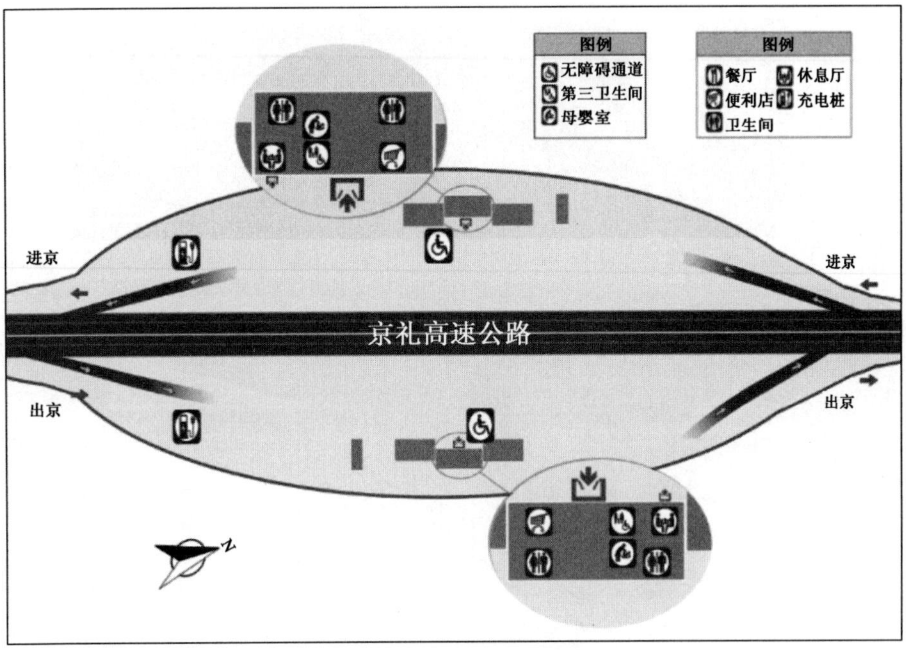


图 2.2-7 阪泉服务区示意图

## 2.2.8 北务服务区(表 2.2-8、图 2.2-8)

**表 2.2-8 北务服务区基本信息表**

| | | | | | |
|---|---|---|---|---|---|
| 服务区名称 | 北务服务区 | | | | |
| 所在位置 | S32 京平高速公路 32.5km 处 | | | | |
| 布局形式 | 双侧分离 | | 投入使用时间 | 2008 年 6 月 | |
| 产权隶属单位 | 北京市公路事业发展中心 | | | | |
| 占地面积 | 40000m² | | | | |
| 建筑面积 | 3300m² | 绿化面积 | 14038m² | 停车场面积 | 23520m² |
| 服务设施情况 | | | | | |
| 照明灯数量 | 56 个 | 监控探头数量 | 52 个 | | |
| 便利店数量 | 2 个 | 加油站数量 | 2 座 | 加油机数量 | 12 个 |
| 国家电网充电站数量 | 2 座 | 充电枪头数量 | 8 个 | 蔚来换电站数量 | 0 座 |
| 停车位数量 | 228 个 | | | | |
| 无障碍车位数量 | 4 个 | 小车位数量 | 170 个 | 大车位数量 | 58 个 |
| 女士停车位数量 | 6 个 | 危化品车位数量 | 2 个 | 牲畜车位数量 | 2 个 |
| 男厕位数 | 93 个 | | 女厕位数 | 73 个 | |
| 无障碍卫生间数量 | 2 个 | | 母婴室数量 | 2 个 | |
| 相关情况介绍及延伸服务 | | | | | |
| 北务服务区位于北京市顺义区北务镇,周边临近汉石桥湿地公园、平谷金海湖等旅游景区。服务区设有便利店、餐饮、加油站、国家电网充电站等经营业态,配有开水器、卫生间、母婴室、无障碍卫生间 24h 无偿为顾客提供服务。同时为顾客提供小药箱、针线盒、手机充电站、汽车轮胎充气、旅游咨询、失物招领等延伸服务。北务服务区(进京方向)设有“司机之家”,为司机提供休息、洗漱、淋浴、洗衣等服务。2015 年被交通运输部评为“全国百佳示范服务区” | | | | | |

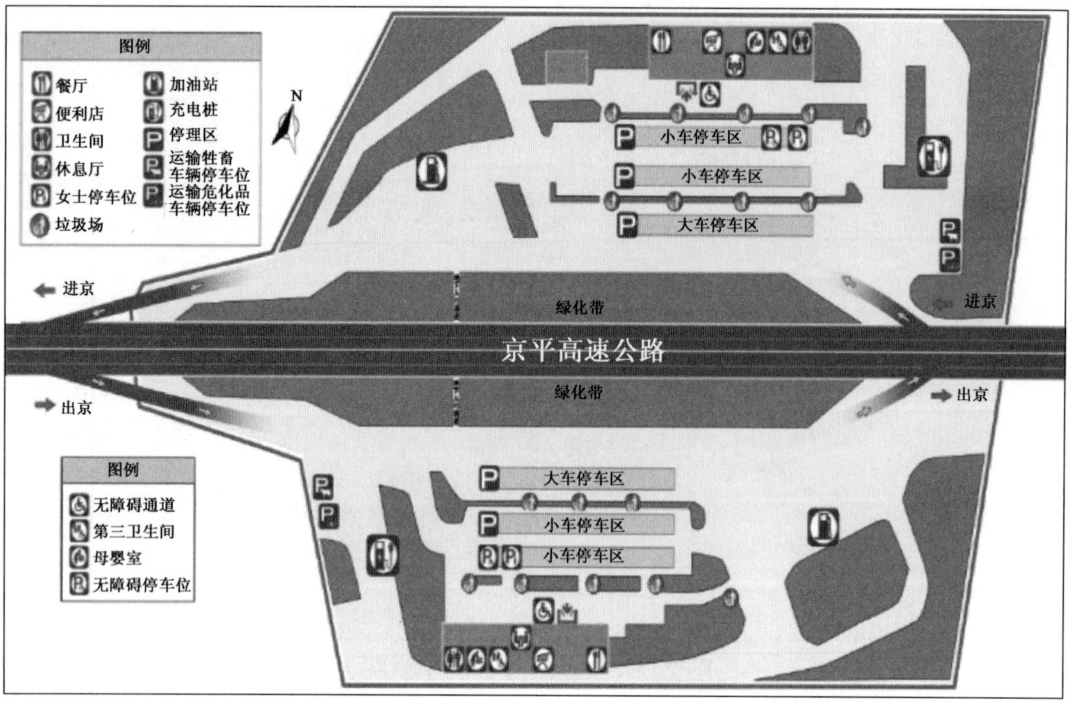


图 2.2-8　北务服务区示意图

## 2.2.9　永乐停车区(表 2.2-9 和表 2.2-9)

**表 2.2-9　永乐停车区基本信息表**

| | | | | | |
|---|---|---|---|---|---|
| 服务区名称 | 永乐停车区 | | | | |
| 所在位置 | S15 京津高速公路 32.8km 处 | | | | |
| 布局形式 | 双侧分离 | | 投入使用时间 | 2008 年 7 月 | |
| 产权隶属单位 | 北京市首都公路发展集团有限公司 | | | | |
| 占地面积 | $28000m^2$ | | | | |
| 建筑面积 | $4500m^2$ | 绿化面积 | $11990m^2$ | 停车场面积 | $7200m^2$ |
| 服务设施情况 | | | | | |
| 照明灯数量 | 17 个 | 监控探头数量 | 19 个 | | |
| 便利店数量 | 2 个 | 加油站数量 | 2 座 | 加油机数量 | 10 个 |
| 国家电网充电站数量 | 2 座 | 充电枪头数量 | 8 个 | 蔚来换电站数量 | 0 座 |
| 停车位数量 | 109 个 | | | | |
| 无障碍车位数量 | 4 个 | 小车位数量 | 84 个 | 大车位数量 | 25 个 |
| 女士停车位数量 | 0 个 | 危化品车位数量 | 2 个 | 牲畜车位数量 | 2 个 |
| 男厕位数 | 80 个 | | 女厕位数 | 80 个 | |
| 无障碍卫生间数量 | 4 个 | | 母婴室数量 | 0 个 | |
| 相关情况介绍及延伸服务 | | | | | |
| 永乐停车区位于北京市通州区永乐店镇。停车区设有便利店、餐饮、加油站、国家电网充电站等经营业态,配有开水器、卫生间、无障碍卫生间 24h 无偿为顾客提供服务。同时为顾客提供小药箱、针线盒、手机充电站、汽车轮胎充气、旅游咨询、失物招领等延伸服务 | | | | | |

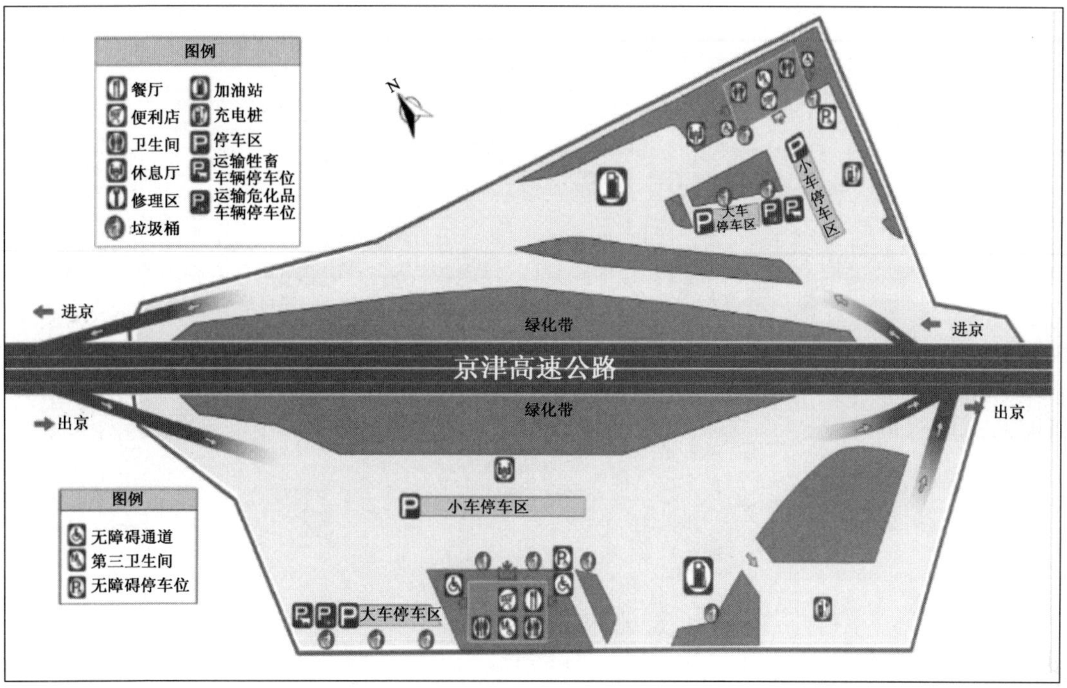


图 2.2-9　永乐停车区示意图

## 2.2.10　土沟停车区(表 2.2-10 和图 2.2-10)

**表 2.2-10　土沟停车区基本信息表**

| | | | | | |
|---|---|---|---|---|---|
| 服务区名称 | 土沟停车区 | | | | |
| 所在位置 | S11 京承高速公路 17.5km 处 | | | | |
| 布局形式 | 双侧分离 | | 投入使用时间 | 2002 年 10 月 | |
| 产权隶属单位 | 北京市首都公路发展集团有限公司 | | | | |
| 进京占地面积 | $54000m^2$ | | | | |
| 建筑面积 | $4552.50m^2$ | 绿化面积 | $32900m^2$ | 停车场面积 | $8143.08m^2$ |
| 服务设施情况 | | | | | |
| 照明灯数量 | 14 个 | 监控探头数量 | 4 个 | | |
| 便利店数量 | 1 个 | 加油站数量 | 1 座 | 加油机数量 | 5 个 |
| 国家电网充电站数量 | 1 座 | 充电枪头数量 | 10 个 | 蔚来换电站数量 | 1 座 |
| 停车位数量 | 101 个 | | | | |
| 无障碍车位数量 | 2 个 | 小车位数量 | 87 个 | 大车位数量 | 14 个 |
| 女士停车位数量 | 0 个 | 危化品车位数量 | 1 个 | 牲畜车位数量 | 1 个 |
| 餐厅就餐人数 | 0 个 | 男厕位数 | 14 个 | 女厕位数 | 17 个 |
| 无障碍卫生间数量 | 1 个 | | 母婴室数量 | 1 个 | |
| AED | 1 套(2023 年投入) | | | | |
| 相关情况介绍及延伸服务 | | | | | |
| 土沟停车区位于北京市昌平区小汤山镇,毗邻昌平未来科学城,2018 年 5 月起出京方向停车区因京沈客专施工暂时关闭。停车区设有便利店、餐饮、加油站、国家电网充电站、蔚来汽车换电站等经营业态,配有开水器、卫生间、无障碍卫生间 24h 无偿为顾客提供服务。同时为顾客提供小药箱、针线盒、手机充电站、汽车轮胎充气、旅游咨询、失物招领等延伸服务 | | | | | |

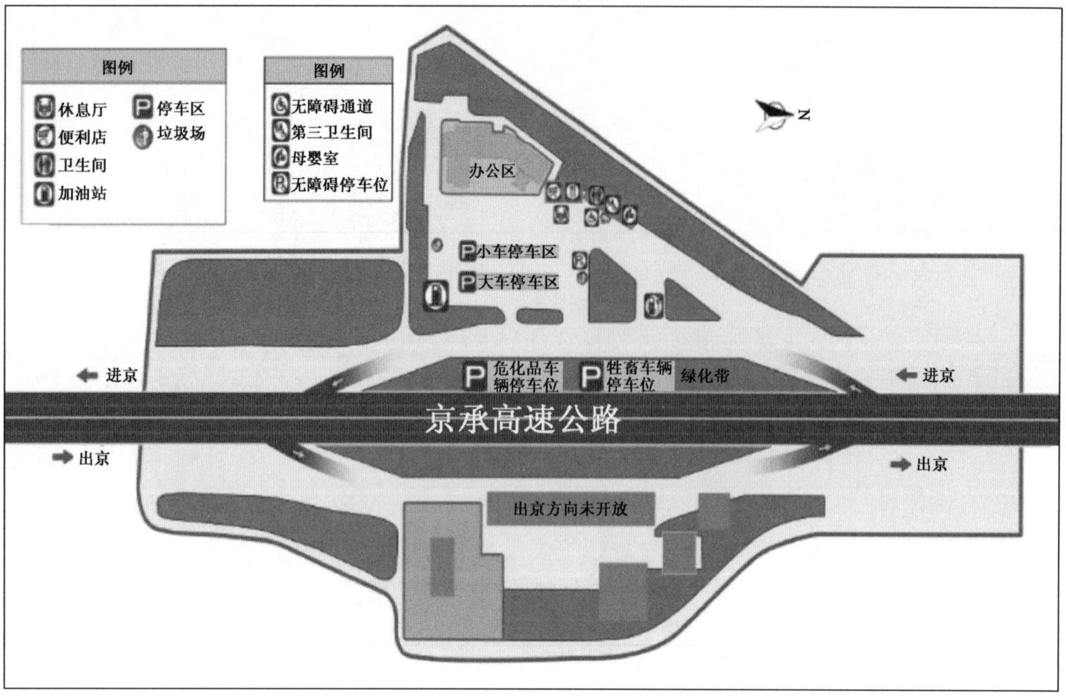


图 2.2-10　土沟停车区示意图

## 2.2.11　求贤停车区

求贤停车区位于 G45 大广高速公路 1348km 处进京方向,于 2012 年投入使用。2019 年 7 月因进京检查站施工暂时关闭。

# 第 3 章 管理职责

## 3.1 运营服务管理职责

### 3.1.1 服务质量管理

(1)负责贯彻落实交通运输部、集团公司等行业主管部门的各项管理规定。

(2)根据国家有关法律法规和集团公司的相关规定,结合公司实际情况,组织制订服务区各项管理制度和服务规范标准,并监督落实。

(3)组织参与服务区的规划、选址、布局等前期工作。

(4)统筹所辖服务区业务运营的管理及监督,保证服务质量及平稳运营。

(5)统筹公司所辖服务区公益性项目管理。

(6)统筹所辖服务区的物业后勤管理,提交服务区保洁需求,监督服务商保洁服务水平及质量,开展对服务商的考核与管理评价等。

(7)组织完成对下辖服务区的财务核算、团队建设、劳资管理、员工培训及绩效考核工作。

(8)完成领导交办的其他工作。

### 3.1.2 设备设施管理

(1)负责服务区开展设备维养、编制单项工程意向书等相关工作。

(2)落实各大节假日及重点时期服务区保障相关工作,包括撰写方案、数据统计、撰写总结、值班安排等。

(3)负责服务区环境绿化、设备维修和维护工作。

(4)负责完成各项维修任务,在操作工程中严格执行操作规程。

(5)妥善管理各种维修设备,使设备处于良好的工作状态,保证维修业务正常进行。

(6)负责安排年度、季度、月维修保养计划,在计划实施过程中,完成维修记录,并以此作为归档资料。

(7)遵守公司各项规章制度,达到公司要求的服务标准。

(8)完成领导交办的其他工作。

### 3.1.3 环境卫生管理

(1)负责指导各服务区开展保安员管理、安全巡检排查、安全隐患整改、安全设备管理、停车秩序维护、突发事件处理等工作。

(2)负责协助开展服务区保洁服务商招标比选、合同签订等工作,指导各服务区开展保洁员管理、环境卫生管理、消毒防疫等工作。

(3)负责组织落实服务区扫雪铲冰、防汛工作。

(4)负责服务区物业信息化管理工作。

(5)负责服务区公益性管理、物业管理数据(含服务区基础情况、卫生间使用频次、能源消耗量等)统计分析。

(6)负责起草服务区公益性管理制度,以及制度后续调整完善。

(7)负责服务区服务质量监督、投诉管理、客户满意度调查工作。

(8)完成领导交办的其他工作。

## 3.2 商业业态经营管理职责

### 3.2.1 商业业态经营规划

(1)根据公司战略规划及服务区行业发展特征,组织制订服务区业务经营发展规划,并按照规划进行落实及调整;落实“走出去”战略,拓展京津冀等地区业务。

(2)负责营销策划与品牌推广工作,制订服务区业务营销方案及营销计划,并组织实施、开展营销活动;审核服务区营销方案;开展与公司其他业务的营销协同工作;开展品牌推广及维护工作。

(3)组织服务区经营性采购的策略及计划制订、供应商寻源及管理、权限内采购审批、采购执行工作,并协助开展招标管理工作。

(4)负责服务区经营性项目的相关管理工作,包括起草经营方案、合作洽谈、招标比选、合同签订、项目工程改造相关协调、项目相关材料归档。

(5)负责组织服务区地产租金评估、经营评估等工作。

(6)组织开展客户数据(顾客需求分析)统计与分析,为提升营销服务水平提供数据支撑。

### 3.2.2 商业业态经营开发

(1)负责对市场环境、服务区合作项目经营情况进行分析。

(2)统筹所辖服务区业务运营的管理及监督,保证服务质量及平稳运营。

(3)负责持续提升服务整体商业氛围。

(4)负责招商合作项目合同签订后的经营监管及合同纠纷处理工作。

(5)负责完成领导交办的其他工作。

### 3.2.3 商业业态经营管理

(1)负责服务区经营项目租金收缴。

(2)负责服务区基础数据统计,含主路车流量、服务区车流量、客流量、建筑面积、车位、厕位、合作经营单位收入等。

(3)负责协助开展服务区地产租金评估、经营评估等工作。

(4)完成领导交办的其他各项任务。

# 第4章　服务区管理规范

## 4.1　停车场管理规范

(1)停车位数量与交通量、车辆构成相适应,且充分利用场地,方便车辆安全停放、进出方便。

(2)停车位实行划区设置。小型客车、大型客车、大型货车分区停放。危险化学品车、牲畜运输车专区停放。

(3)根据驾乘人员数量和车辆流量配备安保人员,加强疏导,车辆分区按序停放,公共场区秩序良好。

(4)照明设施齐全完好,停车区域夜间照明良好、无盲点。

(5)监控设施设备完好、监控图像清晰完整,监控范围覆盖停车广场和加油站,无盲点。

(6)地面无超过 $1m^2$ 的明显坑槽和病害。

(7)危险化学品车、牲畜运输车专用停车位选址合理安全,根据需求设置长途客运接驳车辆专用停车位。

## 4.2　公共卫生间管理规范

### 4.2.1　公共卫生间环境卫生管理规范

(1)光线良好、空气清新、无异味。

(2)地面洁净,无脚印、垃圾、杂物、积水、痰迹、污渍。

(3)棚面、墙面、柱面、门窗、台面、镜面等洁净无灰尘、无污物。

(4)各类设备设施干净整洁。

(5)便池挡板干净整洁。

(6)便池无水锈、污渍、积便现象。

(7)垃圾纸篓统一套袋,纸篓内纸不超过2/3。

(8)无蚊蝇。

(9)摆放盆景、盆花等装饰品,播放背景音乐。

### 4.2.2　公共卫生间设备管理规范

(1)便器数量与日常旅客峰值相匹配,满足非重大节假日驾乘人员需要。非重大节假日期间,公共卫生间排队人数不超 5 人。

(2)重大节假日期间遇有排队如厕现象,能及时开启简易或临时卫生间等辅助设施。确保简易或临时卫生间数量充足,完好可用,且排队人数不超 10 人。

(3)公共卫生间为水冲式,不具有完整上下水道和粪便处理设施的地区,应设置具有前端处理设施的独立无害化卫生间。

(4)有完好可用的残疾人专用卫生设施,即男用小便器、坐便、专用洗手设施和配套扶手。

(5)私密性强,厕位之间有隔断板和门,男厕小便位间设有隔板。

(6)大、小便间和盥洗室分室设置。

(7)各类便器、洁具、水龙头、灯具、换气设备完好可用,无缺失、破损、锈蚀现象。如果设施损坏正在维修,要通过设置规范的提示牌提醒顾客。

(8)上下水设施能正常使用,无滴漏、锈蚀现象,排污通畅。

(9)地面、墙体、顶棚、门窗无缺失、破损、锈蚀现象。

(10)设置文明用厕标识、标牌。

(11)提供洗手液和干手设施。

(12)有完好可用的第三卫生间、老年人和儿童洁具。即独立封闭空间,配备专用小便器、坐便、洗手池、扶手。

(13)冬季为驾乘人员提供温度适宜的洗漱用水。水温不低于 15℃。

### 4.2.3　公共卫生间文明服务管理规范

(1)24h 免费开放。

(2)保洁人员统一着工装,佩戴工牌,仪容仪表整洁、姿态端正,无聚众聊天、玩手机等与工作无关的行为。

(3)实行专业化物业管理和标准化作业。

## 4.3　公共场区、设备设施管理规范

### 4.3.1　公共场区管理规范

(1)交通标志标线符合《道路交通标志和标线》(GB 5768—2009)及其他相关标准的要求,齐全清晰。

(2)设置室外休息区或简易休息设施,方便驾乘人员临时休息。

(3)利用有效空间宣传交通政策法规,倡导文明驾驶、安全出行。

(4)地面、草坪内干净,无垃圾、杂物、积水。

(5)垃圾箱外表整洁,分布均匀合理,美观适用,能实现分类回收,箱内垃圾不超过2/3。

(6)各类灯箱、牌匾、指示牌等悬挂物内容规范、整洁、无破损。

(7)绿化效果好。绿化区域无超过1$m^2$的黄土裸露,无杂草杂物。

(8)无非法摆摊设点现象。

(9)24h免费开放。

(10)工作人员着统一工装、佩戴工牌,仪容仪表整洁、姿态端正,无聚众聊天、玩手机等与工作无关的行为。

(11)重大节假日期间加派人员,疏导车辆,维护秩序。

(12)实行专业化物业管理和标准化作业。

### 4.3.2 设备设施管理规范

(1)配有符合消防部门要求的消防器材。各类消防器材完好可用。灭火器有托架,与地面距离符合标准,消防器材指示标志清晰。

(2)自备水源和二次供水水质符合国家标准。二次供水蓄水池设施符合卫生要求,定期进行清洗消毒。

(3)保安全天候值守,严格执行巡检制度,巡检记录内容完整可查。

(4)水泵、风机各类设备完好,能够正常工作,无明显异常。

(5)加药桶无泄漏。

(6)加药桶要保持最低20%的药剂量,不允许空罐运行。

(7)设备间温度不高于40℃。

(8)设备间无破损,无锈蚀现象。

(9)污水池无溢池现象。

(10)清水池内无杂物,水质清澈,无异味。

(11)设备间内各类设备设施以及地板干净整洁。

(12)设备间外墙清洁,无污垢。

(13)设备间外草坪干净,无垃圾、杂物、积水。

(14)绿化区域无超过1$m^2$的黄土裸露,无杂草杂物。

(15)污水处理站封闭式管理,巡视或作业完毕,围栏要上锁封闭。

(16)污水处理站封闭围栏设置有限空间作业指示牌。

(17)设备间设置污水站相关管理制度以及操作规程。

(18)区域内无吸烟及存放易燃易爆等危险品的现象。

(19)配有符合消防部门要求的消防器材。各类消防器材完好可用。

## 4.4 加油站管理规范

### 4.4.1 加油站基础环境及设备设施管理规范

(1)加油站证照齐全,并按相关部门要求在明显位置公开悬挂。

(2)加油机、加油枪数量按照路段交通流量配置,能够满足日常加油需要。

(3)加油机、加油枪设备完好,能够正常工作。

(4)加油站整体环境整洁,无垃圾、杂物、积水、痰迹、污渍,对于外观形象包装、标识标牌损坏、缺失的,应及时上报区域。

(5)加油站各类设备设施干净整洁。

(6)加油站应根据地理位置、季节变化和营业情况,制订加油区、便利店、营业室、卫生间等营业场所的灯光开关时间表。遇重大节日、活动保障或促销等特殊情况,根据公司统一安排或要求执行。

### 4.4.2　加油站文明服务管理规范

(1)加油站提供全天候加油服务。

(2)加油站经销的成品油(汽油、柴油)质量符合北京市地方标准。

(3)加油站经销的成品油(汽油、柴油)价格符合北京市发改委指导价格。

(4)公平交易,能够按规定开具发票。

(5)加油站公示油品的标号和价格。

(6)员工着统一工装,佩戴工牌,仪容仪表整洁,姿态端正。

(7)加油站树立"客户至上"的理念,制订服务规范,推广礼貌用语。

### 4.4.3　加油站文明用语管理规范

1)引车入位

车辆进站时,加油员应迅速使用规范手势引导车辆,并判断车辆的油箱位置和应加油品种类;引车入位后在不影响自身安全的前提下快速跑到车旁,同时人随车动,主动热情地引导车辆进入加油位置;停车示意,让顾客安全停靠,尽量让车停靠在出口的位置。若车辆未驶向加油岛,而停在站内其他部位,离车辆最近的员工应主动跑步上前,询问驾驶员是否需要帮助。

2)礼貌问候

车辆停稳后,加油员应面带微笑,眼神应与顾客接触,并配以点头、挥手等合适的表达尊重的身体语言,用文明礼貌用语问候顾客"您好,欢迎光临!"同时应提醒顾客将发动机熄火,并请顾客不要使用手提电话,礼貌询问加注油品种类和数量:"请问您加什么油?"如未听清或有疑问需第二次询问时,向顾客表示歉意后再问:"对不起,我没有听清。请问您要加满吗?"。得到确切的回答后应回答:"好的,××油品,加满(或××升或××元),请稍等!"

3)确认泵码归零

(1)语言提示顾客:"泵码已归零,请您确认。"

(2)加油员再次与顾客确认加注油品种类,加注数量,然后从加油机上取下油枪,同时向顾客提示加油机泵码已归零,一手拿加油枪,准确把油枪插入到位。

(3)主动征求顾客意见,帮助顾客打开油箱盖,将油箱盖放在适当位置,油箱盖决不能放在顾客的车上。如驾驶员自行开启,加油员应表示谢意。同时将加油机数码回零,并向顾客说:“您请看,数码已回零。”根据顾客需要的加油数量或金额在加油机上预置,预置后应加以确认。如顾客要求加满油箱,则无须预置。询问加注油品种类和数量可与开启油箱、预置程序同步进行。同时注意观察车辆外观是否正常。

4)油已加好,请您核对

语言提示顾客:“油已加好,请您核对。”加油结束后,应请顾客再次确认加油数量,收枪时应注意滴净油枪余油,枪口向上,检查油枪弹片是否已扣起后轻轻放回原处,收回胶管。收枪后应主动拧紧油箱盖(上锁)、关好外盖,如不能肯定油箱盖已盖好,应提醒司机检查(如果有油滴在车身上,应及时擦除)。

5)唱收唱付

(1)语言提示顾客:“收您×××,找您×××。”

(2)若顾客需要开发票或刷卡时,加油员应提示到收银台进行操作。

(3)加油完毕后,礼貌告诉顾客加油机号、加油数量和需付金额,然后主动向顾客指示付款地点,并目送顾客到营业厅。

(4)若顾客要求加油员代付款或无收银员由加油员自行收款时,员工应立即行动,加油员收款时应唱收唱付,并礼貌地将找零轻放在顾客手中。

(5)若顾客要求加油员代开发票,加油员应迅速到站内如实开出发票,礼貌地送到顾客手中。

6)欢送顾客

(1)加油员应精神饱满、面带微笑。语言:“谢谢光临。”

(2)确认顾客付完款后,加油员应礼貌地向顾客道别,必要时可替顾客关上车门,并致道别语(“再见,欢迎再来”或“多谢,欢迎下次光临”等),主动引导车辆出站。

### 4.4.4 加油站服务操作规范

(1)严禁将油枪交给顾客操作。

(2)严禁将加油枪对准顾客。

(3)严禁向塑料容器或木制容器加注油品。

(4)严禁在车辆未熄火状态下加油,摩托车须下车加油且须离加油机4.5m以上时方能启动。

(5)在加油过程中,对后来的顾客也要热情招呼,做到“加一看二照顾三”。

(6)严禁给存在明显事故隐患的车辆加油。

(7)严禁在加油站上空电闪雷鸣时加油。

(8)严禁在未擦拭干净洒、冒油品时继续加油。

(9)严禁用加油枪敲打油箱口及铁器。

### 4.4.5 加油站油罐区管理规范

(1)罐区无杂草、纸屑和建筑垃圾。

(2)卸油口、操作井无油污、积灰。

(3)静电接地装置(报警器)接地线缠绕整齐,无积灰、油污。

(4)卸油闸阀(球阀)、阻火器、管线及附件无锈蚀、无油污。

(5)操作井、卸油口、观察井、消防器材柜、消防沙池盖板及滑槽、操作规程牌无油污、积灰和锈蚀。

(6)消防沙应干燥不结块,不得有石子、油沙。

(7)计量器具专用柜/箱(选配)应放置专用的合格计量器具,不得放置其他物品;柜/箱须上锁,钥匙由运营干事保管。

### 4.4.6　加油站安全管理规范

(1)配有符合消防部门要求的消防器材。各类消防器材完好可用,灭火器有托架,与地面的距离符合标准。

(2)加油站消防设施标志应明显、清晰。应定期对消防设施和监控器材进行维护,消防系统应处于完好状态。

(3)加油站设有防火墙、安全岛、护栏杆,且符合消防标准,消防铁锹、桶、钩及石棉毯等配置齐全。

(4)灌区、卸油口配备符合地方管理标准的消防物品。

(5)设置明显的禁火、防辐射标志,以及安全警示标志。

(6)室内外无吸烟及存放易燃易爆等危险品的现象。

(7)加油站设有紧急出入口、疏散通道并保持畅通。火灾发生时,应能采取有效的处置措施,及时疏散人员,并报告有关部门。

## 4.5　便利店管理规范

### 4.5.1　便利店基础环境及设备设施管理规范

(1)证照齐全,并按相关部门要求在明显位置公开悬挂。

(2)设有便利店,且便利店总使用面积达 100$m^2$ 以上。

(3)便利店内照明设施完好,光线充足,视线良好;灯箱的广告设置要符合店面整体环境要求。

(4)空气清新、无异味、无蚊蝇、光线良好、温度适宜。

(5)地面洁净,无垃圾、杂物、痰迹、污渍。室内外四壁不随意乱贴、乱挂广告、饰品等;室内墙角干净整洁,无积尘,不乱堆放物品。

(6)店内门窗、货架、展柜等光亮干净。

(7)热水器、冰柜、风幕柜等用于存放食品饮料的设备设施干净、无异味。

(8)门店所有设备按设备操作标准使用,不允许在商品陈列部位以外堆放悬挂物品。

(9)门店设备除厂家及公司规定的各类标签外,不允许张贴任何物料。

(10)门店设备每周清洁1次,使用干抹布进行层板、外围清洁。

(11)严禁使用非卫生用具进行卫生清洁工作。

### 4.5.2 便利店文明服务管理规范

(1)便利店营业时间在明显位置进行公布。

(2)经销的各类商品符合法律法规要求,无假冒伪劣商品。

(3)明码标价,一货一签,公平交易,无强卖现象。

(4)能够按规定开具发票。

(5)员工着统一工装,佩戴工牌,仪容仪表整洁、姿态端正。接待顾客主动热情,规范使用服务用语,上岗期间无聚众聊天、玩手机等与工作无关的行为。

(6)商品种类丰富,包括食品类、日用品类以及烟酒类,种类达到300种以上。

(7)结合地域与文化特色,服务区内无特产专营店的,便利店配置有地方特色商品专柜。

(8)部分瓶装水和方便面等大众化商品实行"同城同价"。

### 4.5.3 便利店文明用语管理规范

1)欢迎顾客

(1)语言:"欢迎光临!"

(2)动作:保持良好站姿,男员工两手自然下垂放于两侧,女员工双手交叠于体前。友好地注视顾客,面带微笑。微微点头鞠躬,向顾客致意。

2)引导顾客

(1)语言:"您好,这边请。"

(2)动作:保持良好的站姿。友好地注视顾客,面带微笑。五指并拢,与大臂约呈45°角,为顾客指明方位。

3)确认商品

(1)语言:"不好意思,让您久等了。"(顾客排队时间较长时)"您好,请问这些都是您要购买的商品么?""请问您需要购物袋么?"

(2)动作:将不同顾客之间的商品分开,右手五指并拢,指向结账的顾客的商品。

4)商品扫码与检查

(1)逐一将顾客所购买的商品全部扫入POS(销售终端)机,动作迅速,扫码准确。

(2)用目光检查顾客手中、购物篮中是否有未扫码的商品。

(3)扫码的同时,快速检查商品质量,不将过期、变质、损坏的商品售出。

5)商品推荐

(1)语言:"您好,我店准备了一些北京特产,请问您需要么?""您好,我店×××促销,原价××元,促销价××元,请问您需要么?"

(2)动作:保持良好站姿,面带微笑。右手五指并拢,指向商品方向。

6)唱付唱收

(1)结算商品总金额,并告知:"您一共消费了××元。"

(2)双手收取顾客现金,检查是否有假钞,同时说:“收您××元。”顾客支付的现金正好时说:“收您××元,您的钱正好,这是您的小票。”将小票双手递交至顾客手中。

(3)找钱时说:“收您××元,您一共消费××元,找您××元,这是您的小票。”将大钞放在下面,零钱放在上面,双手将现金连同收银小票交到顾客手中。

7)欢送客人

(1)语言:“谢谢光临!”

(2)动作:保持良好站姿。男员工两手自然下垂放于两侧,女员工双手交叠于体前。友好注视顾客,面带微笑。微微鞠躬,向顾客致意。

### 4.5.4　便利店安全管理规范

(1)配有消防部门要求的消防器材,各类消防器材完好可用,灭火器有托架,与地面距离符合标准。

(2)各类商品生产厂家、地址、商标、生产许可证编码、生产日期、有效期齐全,符合《中华人民共和国食品安全法》的规定。

(3)各种食品、调料、配料质量合格,无发霉、污染、变质、过期等现象。

(4)食品生产经营从业人员定期体检并获得健康检查合格证明,健康合格证在明显位置公示。

## 4.6　餐饮管理规范

### 4.6.1　餐饮基础设施及环境卫生管理规范

(1)证照齐全,经营许可证等证照按相关部门要求在明显位置公开悬挂。

(2)用餐位与日常旅客峰值相适应,能够满足非重大节假日驾乘人员就餐需要。

(3)餐桌椅完好,无破损残缺,色感清洁温暖。

(4)餐厅光线良好,温度适宜,空气清新,无异味、无蚊蝇。

(5)餐厅地面洁净,无垃圾、杂物、积水、痰迹、污渍,桌椅和餐具干净、卫生、整洁。

(6)厨房产生的垃圾须分类投放,厨余垃圾须单独运输处理。

### 4.6.2　餐饮文明服务管理规范

(1)员工着统一工装、佩戴工牌,仪容仪表整洁,姿态端正。接待顾客主动热情,规范使用服务用语,上岗期间无聚众聊天、玩手机等与工作无关的行为。

(2)明码标价,一货一签,公平交易,无强卖现象。

(3)按规定开具发票。

(4)正常供餐时间外,能够提供简单餐饮服务。

(5)餐饮特色化,提供具有地方特色的食品。

(6)餐饮多样化,自助餐、零点餐菜品数量达到 20 种以上,快餐菜品数量达到 8 种以上。

### 4.6.3 餐饮安全管理规范

(1)配有符合消防部门要求的消防器材。各类消防器材完好可用,灭火器有托架,与地面距离符合标准。

(2)食材进货渠道符合餐饮业相关法规,实行索证和台账管理制度。无假冒伪劣商品。

(3)各种食品、调料、配料质量合格,无发霉、污染、变质、过期等现象,产品外包装符合相关规定。

(4)食品生产经营从业人员定期体检并获得健康检查合格证明,保持良好的个人卫生习惯,健康合格证在餐厅明显位置公示。

(5)餐具按照规定消毒,后厨案板、道具储藏按生、熟、荤、素分区管理。

(6)餐厅设置警示标志,提醒驾驶人员不要购买和饮用酒类饮品。

## 4.7 充电站、换电站管理规范

(1)充电站、换电站告知内容应包括运营机构名称、开放时间、服务范围、服务项目、收费标准和监督举报电话等。

(2)在充电、换电服务的初始和中间阶段,充电站宜利用移动客户端、显示屏等设备及时通报站内充电设施及服务项目的当前状况。

(3)充电站、换电站作业场所应整洁、干净、卫生,无明显污垢。

(4)充换电设备、消防器材、标识标牌等设备设施应保持干净整洁。

(5)充电站、换电站在不影响经营及安全的前提下,因地制宜开展绿化工作。

(6)充电站、换电站应根据相关主管部门的规定核算收费金额,计量准确,价格公开透明。

(7)员工着统一工装,佩戴工牌,仪容仪表整洁,姿态端正。接待顾客主动热情,规范使用服务用语,上岗期间无聚众聊天、玩手机等与工作无关的行为。

## 4.8 延伸服务管理规范

### 4.8.1 车辆维修站基础设施及环境卫生管理规范

(1)证照齐全,并按相关部门要求在明显位置公开悬挂。

(2)能提供一般的零件更换、维护维修、充气补胎、更换轮胎、更换机油等服务,具备相应设备设施。

(3)设备设施完好,无破损残缺。

(4)厂区应设有用于客户接待、休息的场所。

(5)地面、地沟洁净,无垃圾、杂物、积水、痰迹、油渍、污渍,四壁、顶棚无积尘,各种指示牌干净清晰。

(6)各类设备设施表面干净整洁。

(7)修理车间设备、工具码放有序,无严重油污,用完随时归位。

### 4.8.2　车辆维修站文明服务管理规范

(1)公示工时定额及价格,销售配件做到明码标价,一货一签,维修常用配件实行“同城同价”。

(2)员工着装统一工装,佩戴工牌,仪容仪表整洁、姿态端正。接待顾客主动热情,规范使用服务用语。上岗期间无聚众聊天、玩手机等与工作无关的行为。

(3)中修以上签订维修协议,严格执行保修条款和质量检验标准,无偷工减料、坑蒙拐骗现象。

### 4.8.3　车辆维修站安全管理规范

(1)配有符合消防部门要求的消防器材。各类消防器材完好可用。灭火器有托架,与地面距离符合标准。

(2)有防止高压胎充气过程中钢圈飞出的安全控制措施。

### 4.8.4　“司机之家”基础设施及环境卫生管理规范

(1)配有适应日常实际使用需求的休息桌椅、洗漱设施及娱乐设施。

(2)室内有专用卫生间和浴室,24h免费供应热水。

(3)室内空气清新、无异味、无蚊蝇,床铺桌椅和照明设施完好,光线良好。

(4)室内每天全面整理1次,定时消毒、通风。

### 4.8.5　“司机之家”文明服务管理规范

(1)非免费项目设置价格公示板,明码标价。按规定开具发票。

(2)员工着统一工装、佩戴工牌,仪容整洁、姿态端正。接待顾客主动热情,规范使用服务用语。无聚众聊天、玩手机等与工作无关的行为。

### 4.8.6　“司机之家”安全管理规范

(1)配有符合消防部门要求的消防器材。各类消防器材完好可用。灭火器有托架,与地面距离符合标准。

(2)安全通道畅通,火灾逃生路线指示图清晰准确。

### 4.8.7　客房基础设施及环境卫生管理规范

(1)配有适应日常实际消费需求的客房或应急用房。

(2)房间配有彩色电视机。标准间有独立卫生间,多人间有专用卫生间和浴室,24h

免费供应热水。

(3)证照齐全,并按相关部门要求在明显位置公开悬挂。

(4)房间空气清新、无异味、无蚊蝇,床铺桌椅和照明设施完好,光线良好。

(5)房间每天全面整理1次,并做到“一客一换一消毒”。

### 4.8.8 客房文明服务管理规范

(1)设置价格公示板,明码标价。按规定开具发票。

(2)员工着统一工装、佩戴工牌,仪容整洁、姿态端正。接待顾客主动热情,规范使用服务用语。无聚众聊天、玩手机等与工作无关的行为。

### 4.8.9 客房安全管理规范

(1)配有符合消防部门要求的消防器材。各类消防器材完好可用。灭火器有托架,与地面距离符合标准。

(2)安全通道畅通,火灾逃生路线指示图清晰准确。

(3)实行顾客入住实名登记制度。

# 第 5 章　服务区工作程序

## 5.1　停车场巡视、巡查工作程序

停车场巡视、巡查工作程序见图 5.1-1。

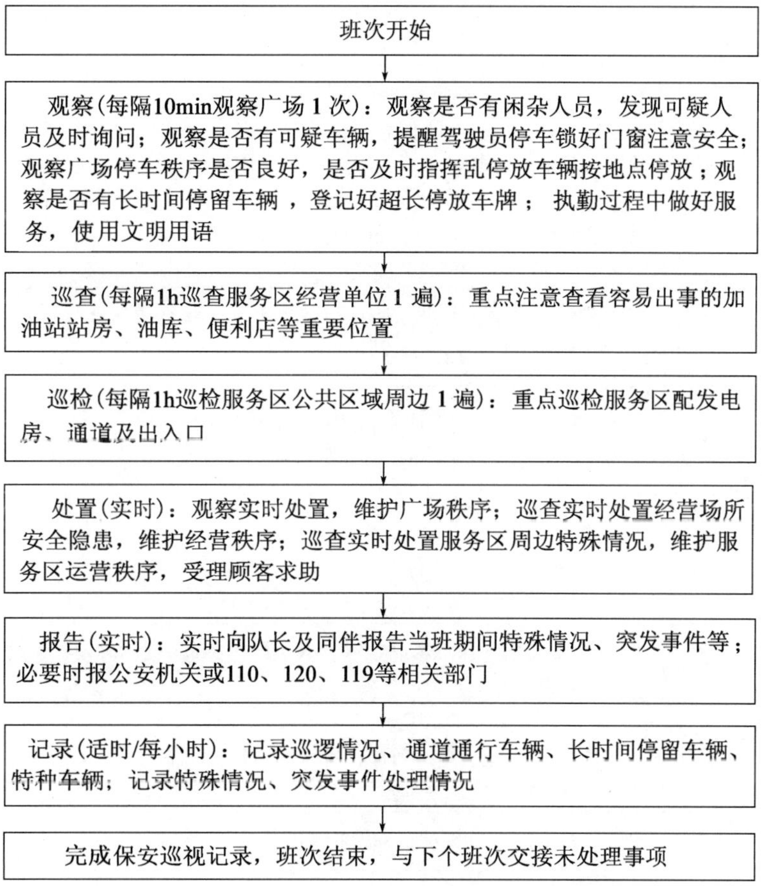


图 5.1-1　停车场巡视、巡查工作流程图

## 5.2　公共卫生间工作程序

### 5.2.1　公共卫生间保洁工作程序

公共卫生间保洁工作程序见图 5.2-1。

图 5.2-1　公共卫生间保洁工作流程图

## 5.2.2　公共卫生间灭蚊蝇工作程序

公共卫生间灭蚊蝇工作程序见图 5.2-2。

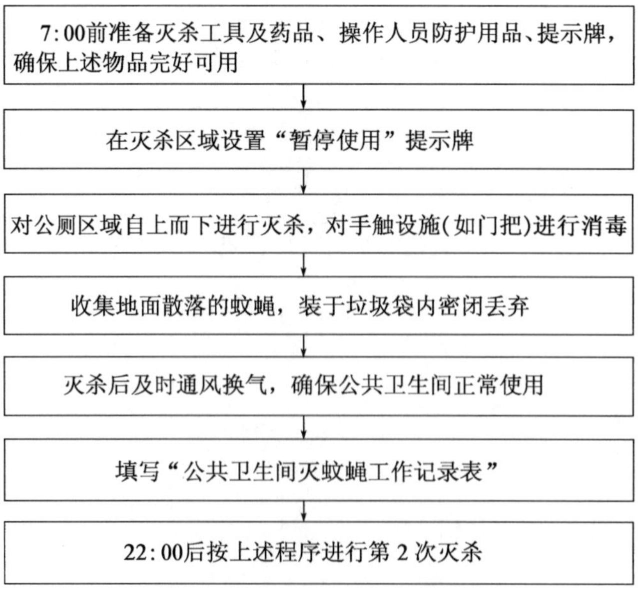


图 5.2-2　公共卫生间灭蚊蝇操作流程图

## 5.3　公共场区及设备设施管理工作程序

### 5.3.1　公共场区卫生保洁工作程序

公共场区卫生保洁工作程序见图5.3-1。

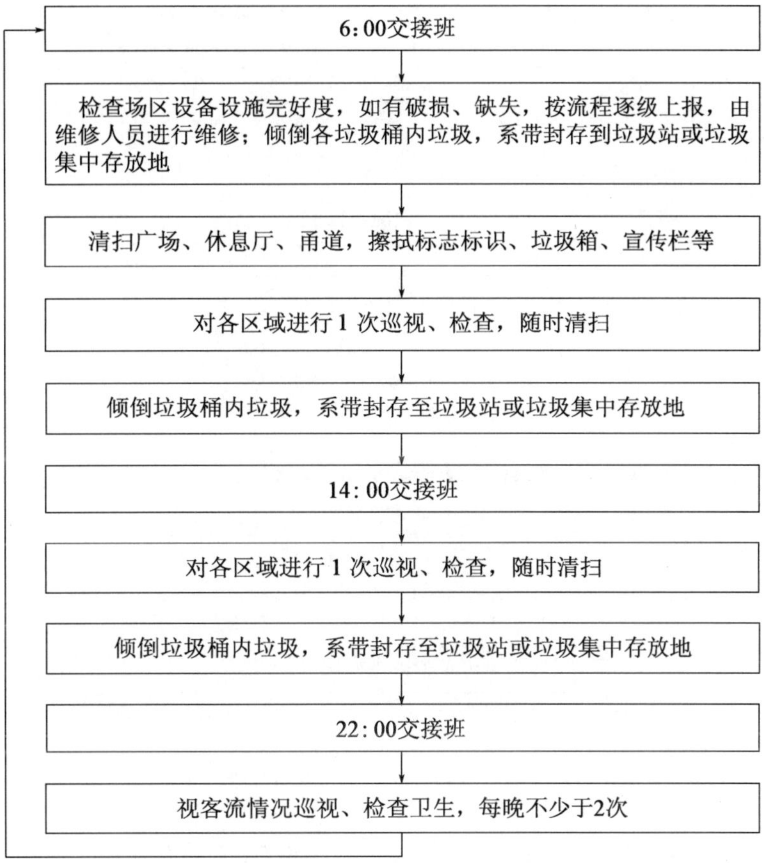


图5.3-1　公共场区卫生保洁工作流程图

### 5.3.2　服务区设备设施巡检、维修工作程序

服务区设备设施巡检、维修工作程序见图5.3-2。

### 5.3.3　服务区停电处理工作程序

服务区停电处理工作程序见图5.3-3。

### 5.3.4　服务区停水处理工作程序

服务区停水处理工作程序见图5.3-4。

### 5.3.5　服务区污水处理管理工作程序

服务区污水处理管理工作程序见图5.3-5。

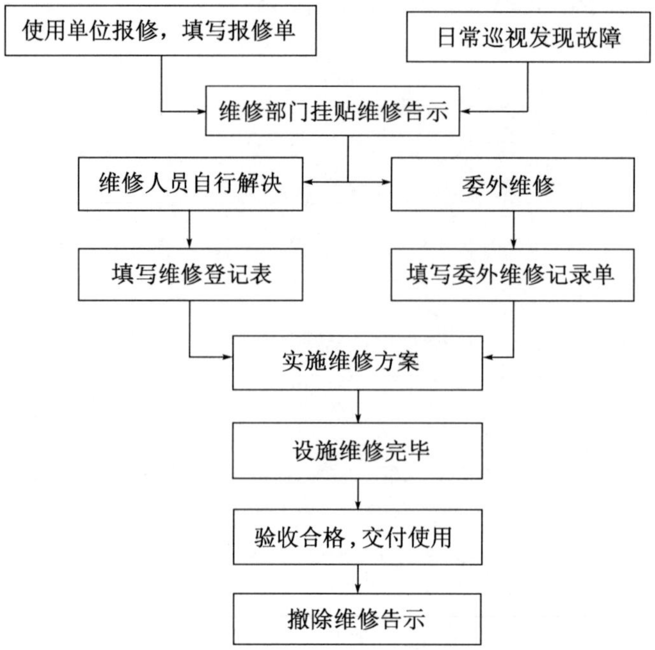


图 5.3-2　服务区设备设施巡检、维修工作流程图

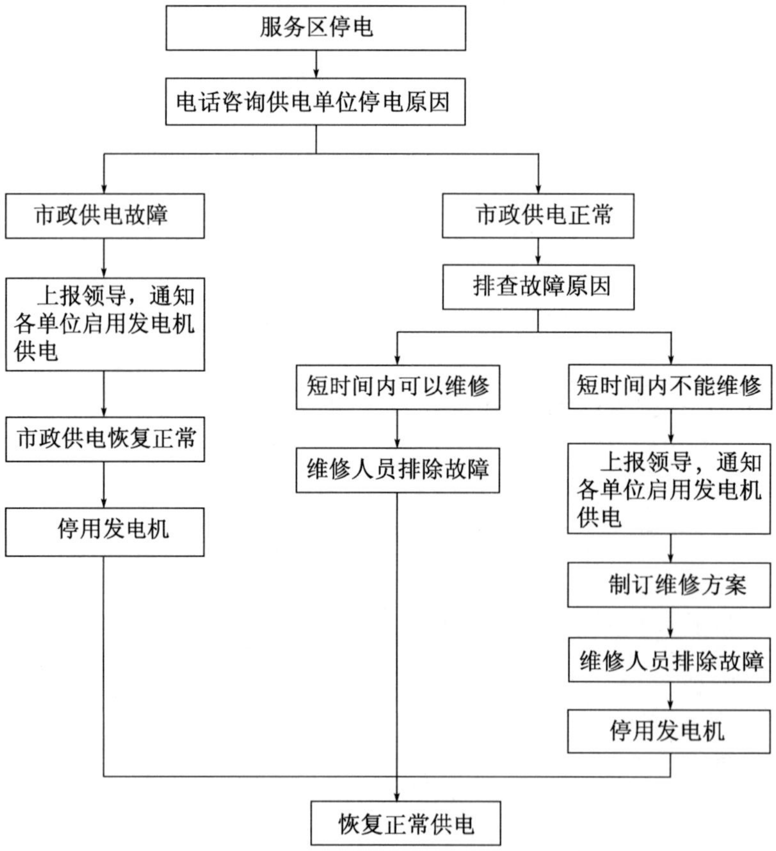


图 5.3-3　服务区停电处理流程图

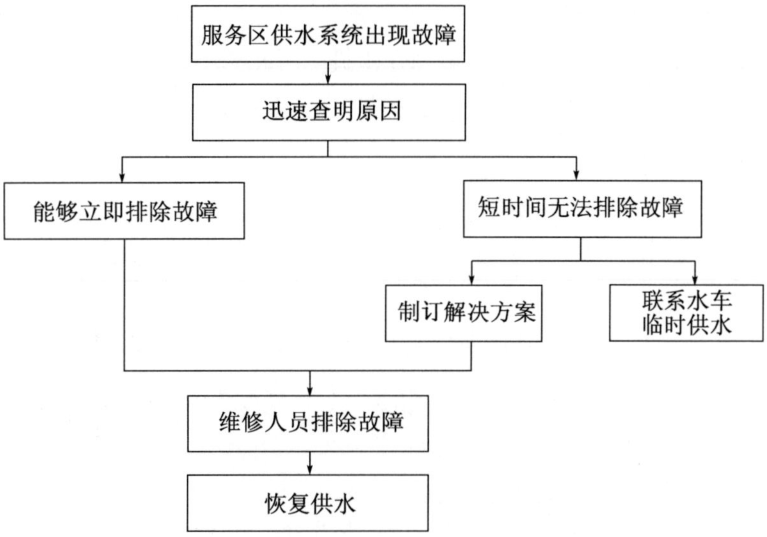


图 5.3-4　服务区停水处理流程图

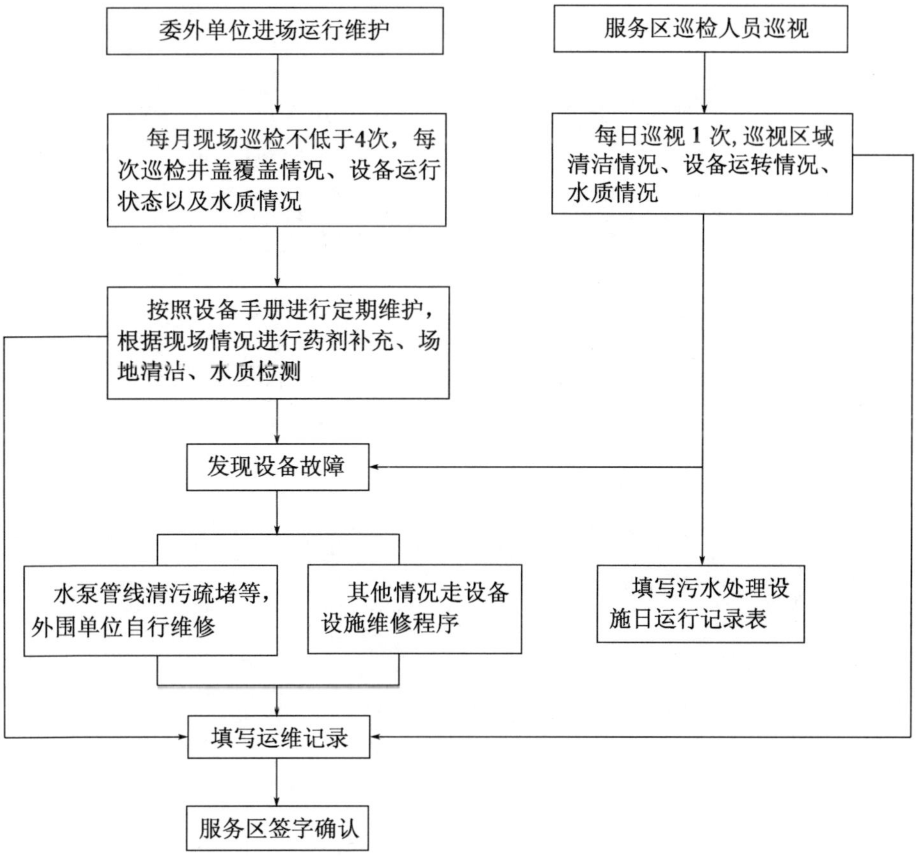


图 5.3-5　服务区污水处理管理工作程序

## 5.4　加油站工作程序

### 5.4.1　加油站卸油工作程序

(1)核对卸油油罐与罐车所装油品是否相符。

(2)通知加油员关闭与卸油油罐连接的加油机,暂停加油作业,进行卸油前的计量。

(3)通过液位仪确认卸油罐的空容量,防止跑、冒油事故的发生。

(4)按工艺流程要求摆放灭火器,连接好地线,连接流量计、卸油管,做到接头结合紧密、卸油管自然弯曲。

(5)检查确认油罐计量孔密闭良好。

(6)油罐车驾驶员缓慢开启罐车卸油阀后,质控员再次检查管线连接无误后方可开阀卸油。

(7)卸油时,质控员应始终在现场监视、观察流量计、卸油管线、相关闸阀过滤器等设备的运行情况,随时准备处理可能发生的问题,罐车驾驶员不得离开现场。

(8)卸油完毕,质控员、值班站长共同查看卸油观察孔,确认油品是否卸净。

(9)拆卸油管,盖严卸油口的卸油帽,收回静电线。

(10)安全引导油罐车出站。

(11)将消防器材、流量计放回原位,整理好现场。

加油站卸油工作程序见图5.4-1。

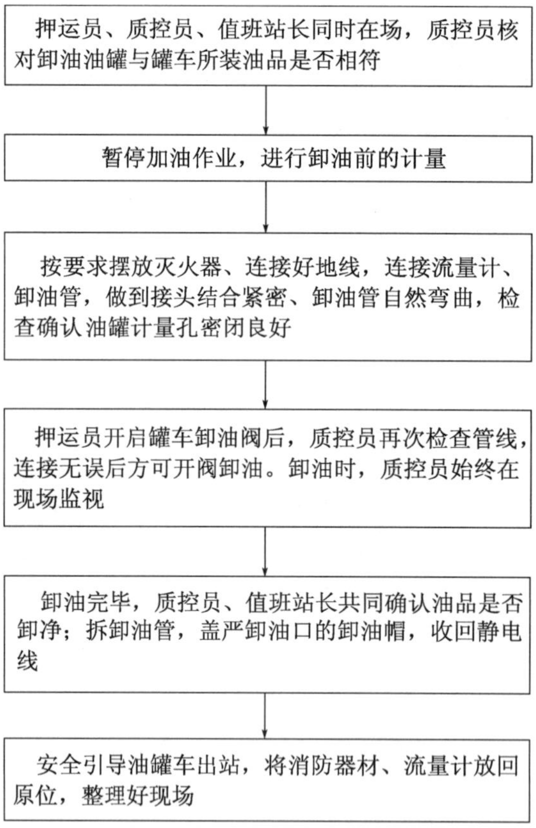


图5.4-1　加油站卸油工作流程图

### 5.4.2　加油站油品质量验收工作程序

(1)取样。加油站运营干事应正确连接下装式底部取样器进行取样。将油样倒入玻璃量筒内,对油品颜色、气味和水杂进行表观质量验收。

(2)具体检查方法。

①一看油品的外观。质量合格的油品一般是清澈的,表面没有浮物,中间没有悬浮物,底部没有沉淀物,无分层和浑浊现象。

②二闻油品的气味。劣质的汽油闻起来有刺鼻、熏眼、恶臭等刺激性气味;劣质的柴油有煤油味、焦味、臭味等其他不正常的气味。嗅气味时,不要直接用鼻子对准油品闻,应用手轻轻扇动容器口嗅其气味。

③三摇观看油品的黏稠度和泡沫。合格油品摇后气泡很快消失,不合格油品摇后可观察到杂质。

(3)如果油品质量有异常,应及时报告部门负责人,拒绝接卸。

加油站油品质量验收工作程序见图 5.4-2。

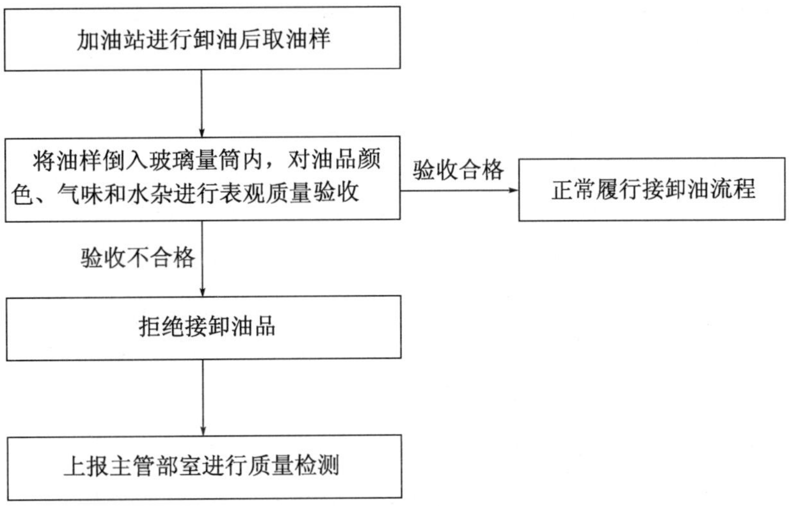


图 5.4-2　加油站油品质量验收流程图

## 5.4.3　加油站油品回罐管理工作程序

(1)业务经理站长是加油站油品检测、油品回罐的第一责任人。

(2)加油机检定、周期检查与维修、抽样、稽查时,发生回罐的油品须作为回罐油品处理,由业务经理(站长)、运营干事(安全计量)、当班加油员共同组织回罐作业。

(3)加油机检定、周期检查与维修、抽样、稽查实施完毕后,由运营干事填写“加油站维修、检测记录表”,由业务经理(站长)、运营干事、维修方三方确认签字,由当班加油员填写“加油结账单”,由当班加油员、业务经理(站长)共同签字确认。

(4)填写“加油站维修、检测记录表”和“加油结账单”,应注明每次所用油品数量、出油枪号,所记录数据应保持一致,运营干事方能进行核销,若文件缺失或签字不齐,运营干事均不能进行核销。

(5)油品回罐作业必须留存好相应监控影像资料,保存期限不低于 30d,各项回罐记录、影像资料必须签字齐全,并留档备案。

加油站油品回罐管理工作程序见图 5.4-3。

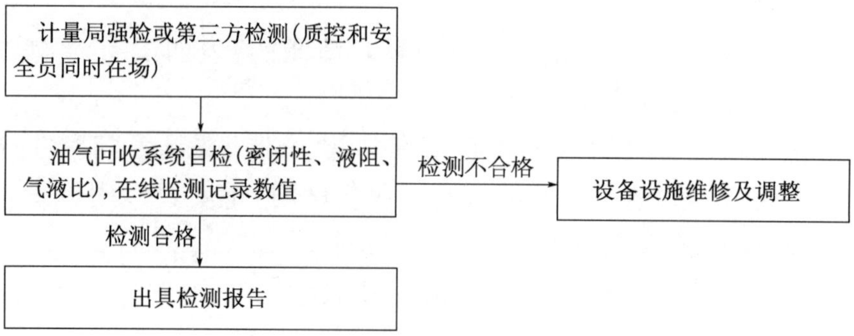


图 5.4-3 加油站油品回罐管理流程图

## 5.5 便利店工作程序

### 5.5.1 便利店商品验收入库工作程序

(1)商品验收人员要认真核对商品名称、数量、外观等,验收无误后方可签字入库。对验收不合格的商品当即予以退货说明,并及时与送货方沟通,修改送货单数量。

(2)待所有商品验收入库后,验收人员与送货人共同在送货单上签字确认。

(3)收货后发现整箱货物有短货现象时,及时与供货单位联系解决。

(4)商品验收入库后,收货人检查货品价格是否准确,发现问题及时向部室相关负责人联系解决。

便利店商品验收入库工作程序见图 5.5-1。

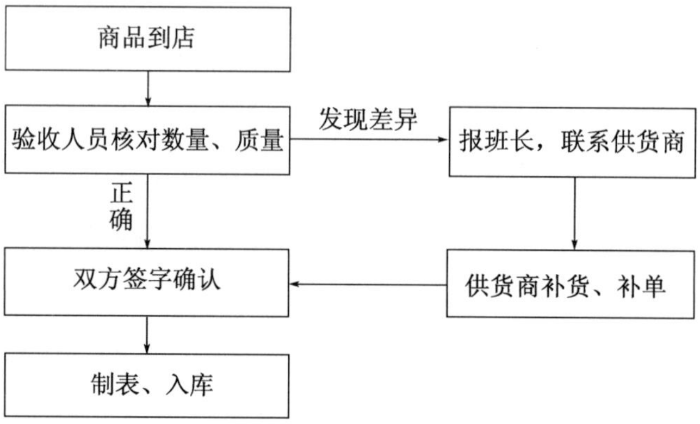


图 5.5-1 便利店商品验收入库工作流程图

### 5.5.2 便利店盘点工作程序

(1)盘点前,由便利店负责人做好盘点准备工作,分工合理、培训到位,停业盘点的单位须对顾客做好停业盘点告知工作。

(2)盘点实行交叉核盘的方式,防止发生漏盘现象。

(3)货物清点完毕后,由盘点人、复核人在盘点表上签字确认。

(4)在盘点过程中出现盘盈盘亏情况时,应及时查明原因,明确责任人员,并将结果形成《差异报告》。核查后确认盈亏的商品，由便利店负责人明确责任人员，属于工作失误造成的商品丢失、变质、损毁等损失的，由相关责任人进行赔偿；盘盈的商品填写入库表，报财务进行账务处理。

（5）各单位在盘点过程中发现存货出现变质、毁损等无法销售的情况，由便利店店长负责与供应商洽商退换货工作，如因管理不当，由责任人按照商品的进价给予赔偿。

（6）盘点后，及时编制盘点月报表，做到账账相符，账实相符。

便利店盘点工作程序见图 5.5-2。

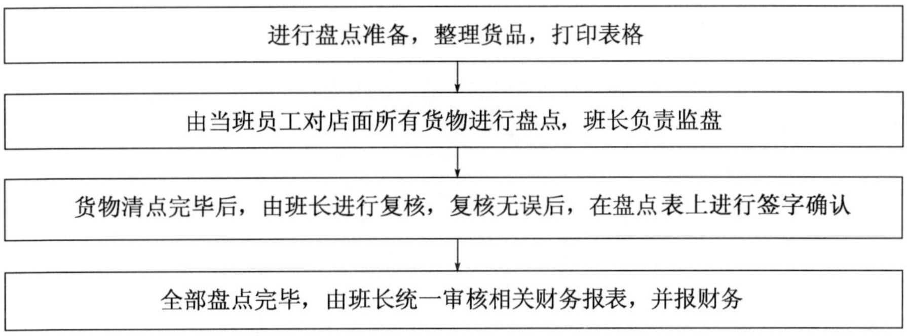


图 5.5-2　便利店盘点工作流程图

## 5.5.3　便利店理货工作程序

便利店理货工作程序见图 5.5-3。

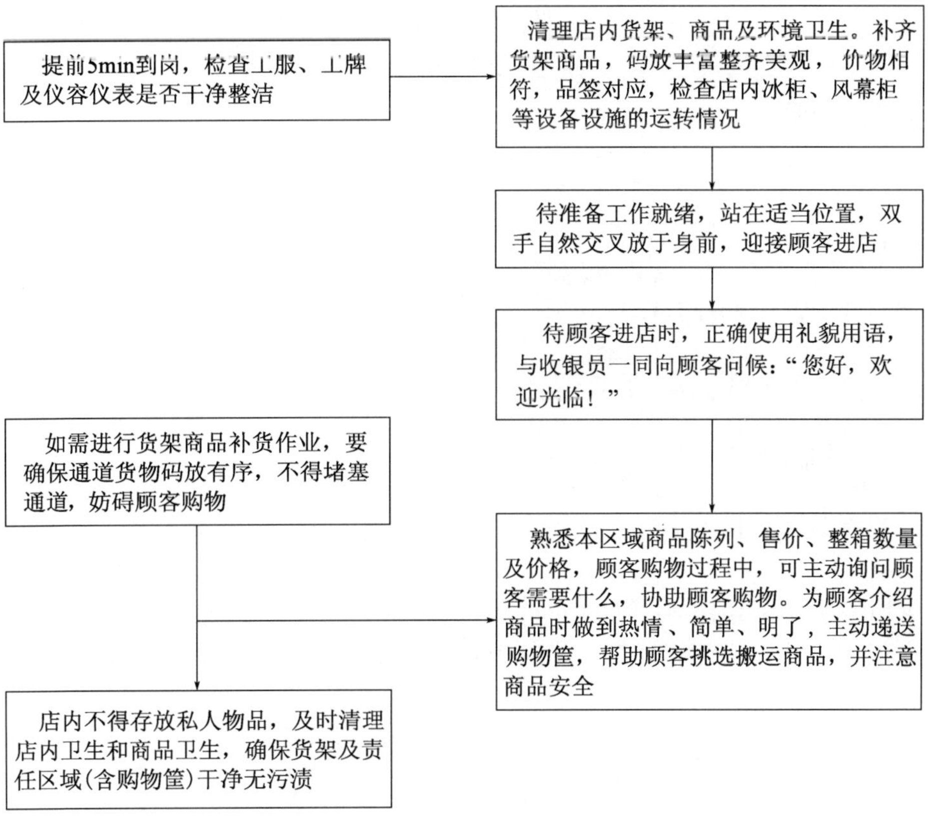


图 5.5-3　便利店理货工作流程图

### 5.5.4 便利店交接班工作程序

(1)交接班双方人员共同查看店内设备设施、安全卫生等情况,共同清点店面设备及其他物品情况,填写交接班记录,交接班负责人共同签字确认。

(2)交班人员清点当班营业款,发现盈亏时,及时查明原因并报公司处理。

(3)交班人确定营业款无误后,由同班人员陪同将营业款投入保险柜。注意现金安全性。

便利店交接班工作程序见图5.5-4。

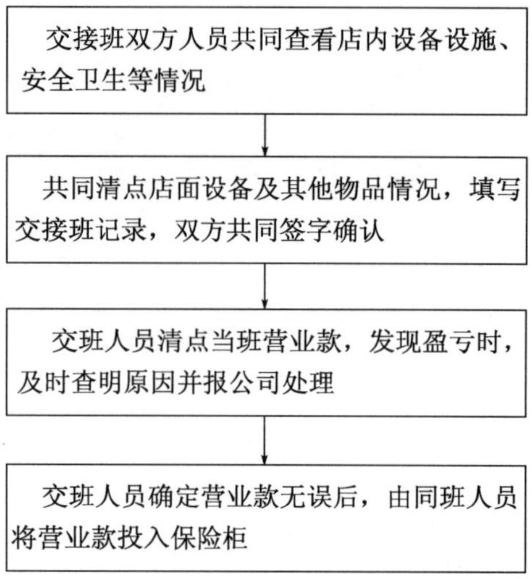


图5.5-4 便利店交接班工作流程图

## 5.6 餐厅工作程序

### 5.6.1 餐厅服务工作程序

餐厅服务工作程序见图5.6-1。

### 5.6.2 餐厅食品原料验收工作程序

餐厅食品原料验收工作程序见图5.6-2。

### 5.6.3 餐厅交接班工作程序

(1)交接班双方共同清点吧台商品数量。

(2)交接双方清点餐厅内设备及其他物品情况,并填写交接班记录,交接班负责人共同签字确认。

(3)交接班双方须对本班次未完成的事项进行交接。

(4)交接双方共同对前厅、后厨的卫生、安全及设备设施运转情况进行检查。

(5)交班人员清点当班营业款,发现盈亏时,及时查明原因并报公司处理。

(6)交班人确定营业款无误后,由同班人员陪同将营业款投入加油站保险柜。注意现金安全性。

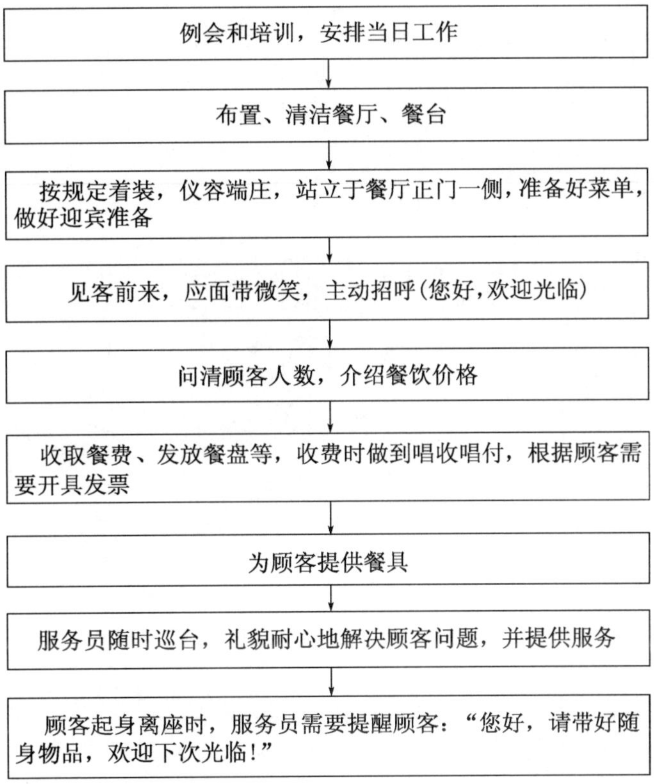

图5.6-1　餐厅服务工作流程图

餐厅交接班工作程序见图5.6-3。

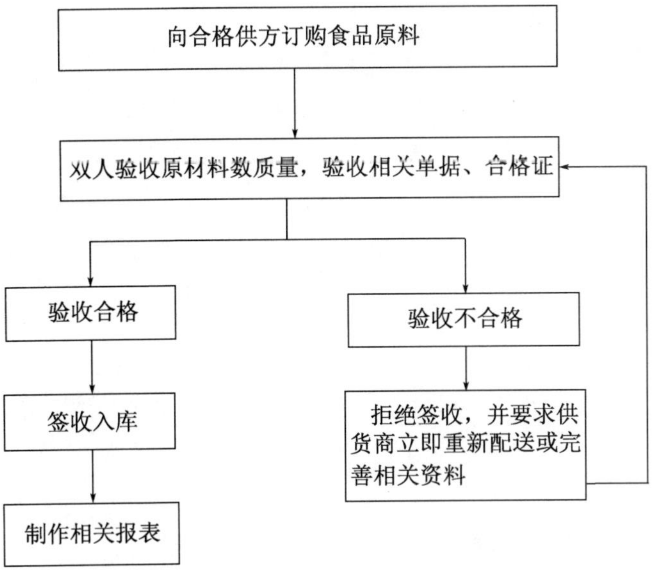

图5.6-2　餐厅食品原料验收工作流程图

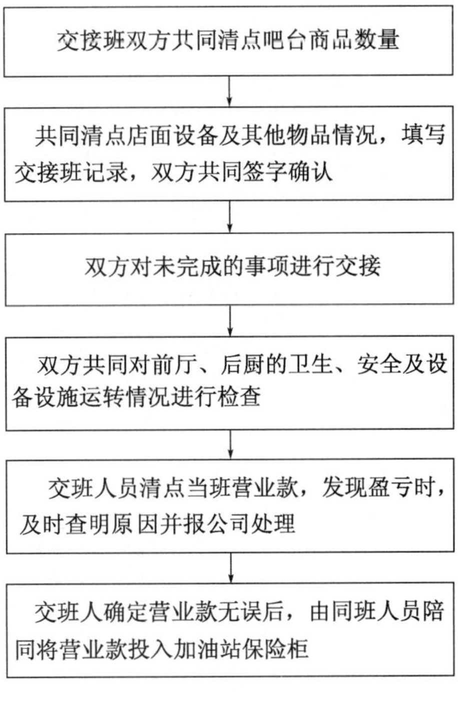

图5.6-3　餐厅交接班工作流程图

## 5.7 车辆维修站工作程序

车辆维修站工作程序见图 5.7-1。

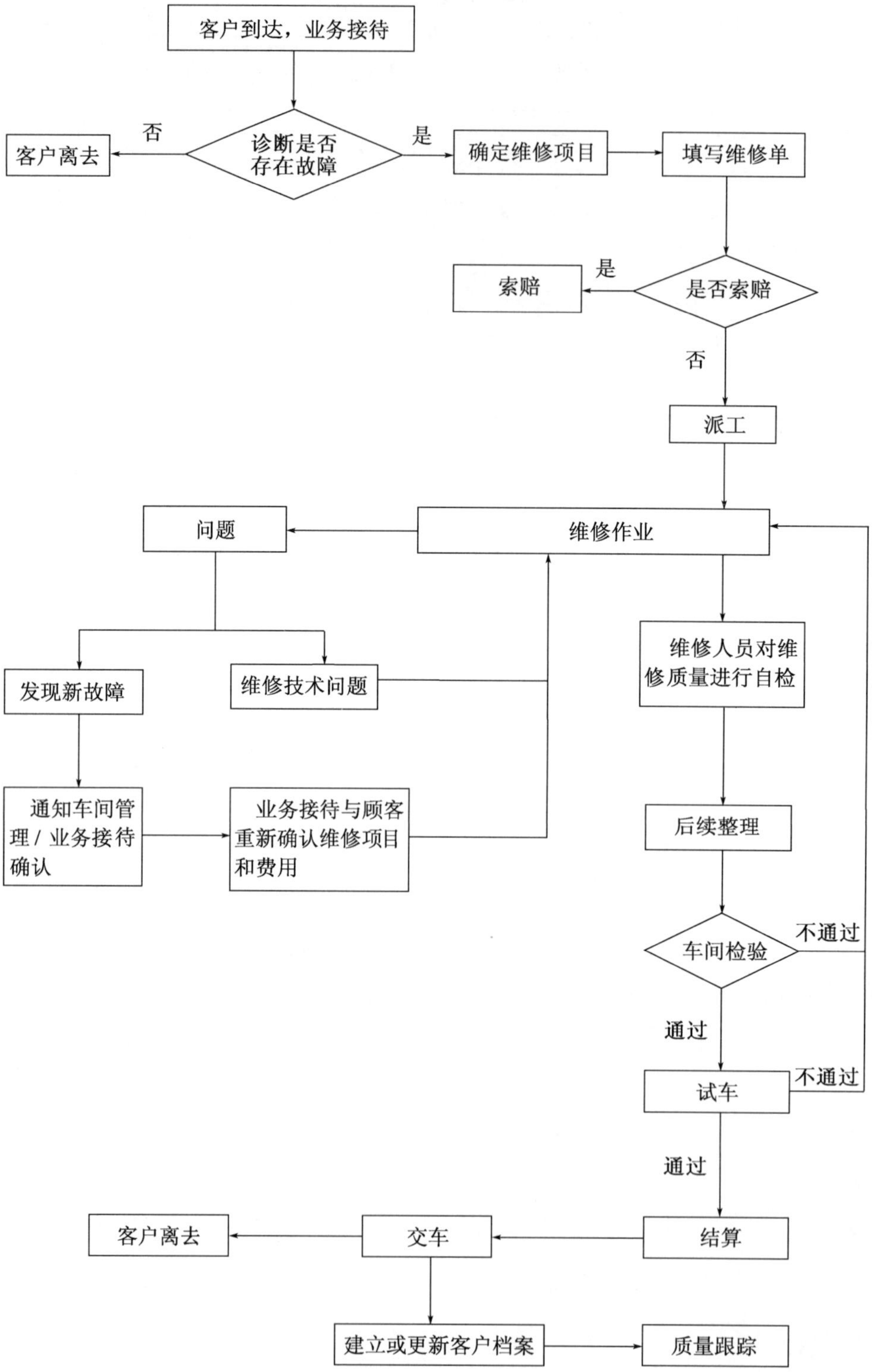


图 5.7-1　车辆维修站工作流程图

## 5.8　服务区咨询、投诉处置工作程序

### 5.8.1　服务区管理单位接到的并通过 96011 系统派发的投诉事件处理工作程序

(1)由服务质量监督中心进行投诉工单的接收、确认及转办工作,并于 10min 内转达相关部门。

(2)相关部室调查了解有关情况,搜集相关证据,按照有关法律、法规和公司的相关制度进行处理,处理结束后提交部室负责人界定验证是否为路方责任并签字。

(3)责任部门处理完毕后提交部门主管领导签字。

(4)48h 时限内完成投诉并提交集团信息中心,服务质量监督中心进行登记存档。

### 5.8.2　服务区管理单位接到集团公司转派的 12345 政务服务便民热线(简称"12345 热线")投诉事件处理工作程序

(1)由服务质量监督中心进行投诉工单的接收、确认及转办工作,并于 10min 内转达相关部室。

(2)相关部室调查了解有关情况,搜集相关证据,按照有关法律、法规和公司的相关制度进行处理,处理结束后提交部室负责人界定验证是否为路方责任并签字。

(3)责任部室处理完毕后提交部室主管领导签字。

(4)责任部室主管领导签字完毕后提交公司主要领导签批。

(5)按公司"接诉即办"业务工作管理细则中三级响应时限完成投诉。

①一级响应:涉及群体性、突发事故、不稳定因素等诉求,办理时限为 2h。

②二级响应:涉及疫情类、道路遗撒、积水积雪、影响道路通行安全等诉求,办理时限为 24h。

③三级响应:其他类诉求,按事件轻重缓急,48h 内提交集团信息中心,服务质量监督中心进行登记存档。

### 5.8.3　服务区管理单位本级接到的投诉事件处理工作程序

(1)服务质量监督中心接到投诉后,应向投诉人了解并记录事件的详细信息,以及投诉人的姓名、联系方式,并第一时间通过公司接诉即办系统转派到相关部室处理。

(2)相关部室调查了解有关情况,搜集相关证据,按照有关法律、法规和公司的相关制度进行处理,处理结束后提交部室负责人界定验证是否为路方责任并签字。

(3)责任部室处理完毕后提交部室主管领导签字。

(4)48h 时限内完成投诉,服务区管理单位服务质量监督中心进行登记存档。

服务区管理单位投诉处理工作程序见图 5.8-1。

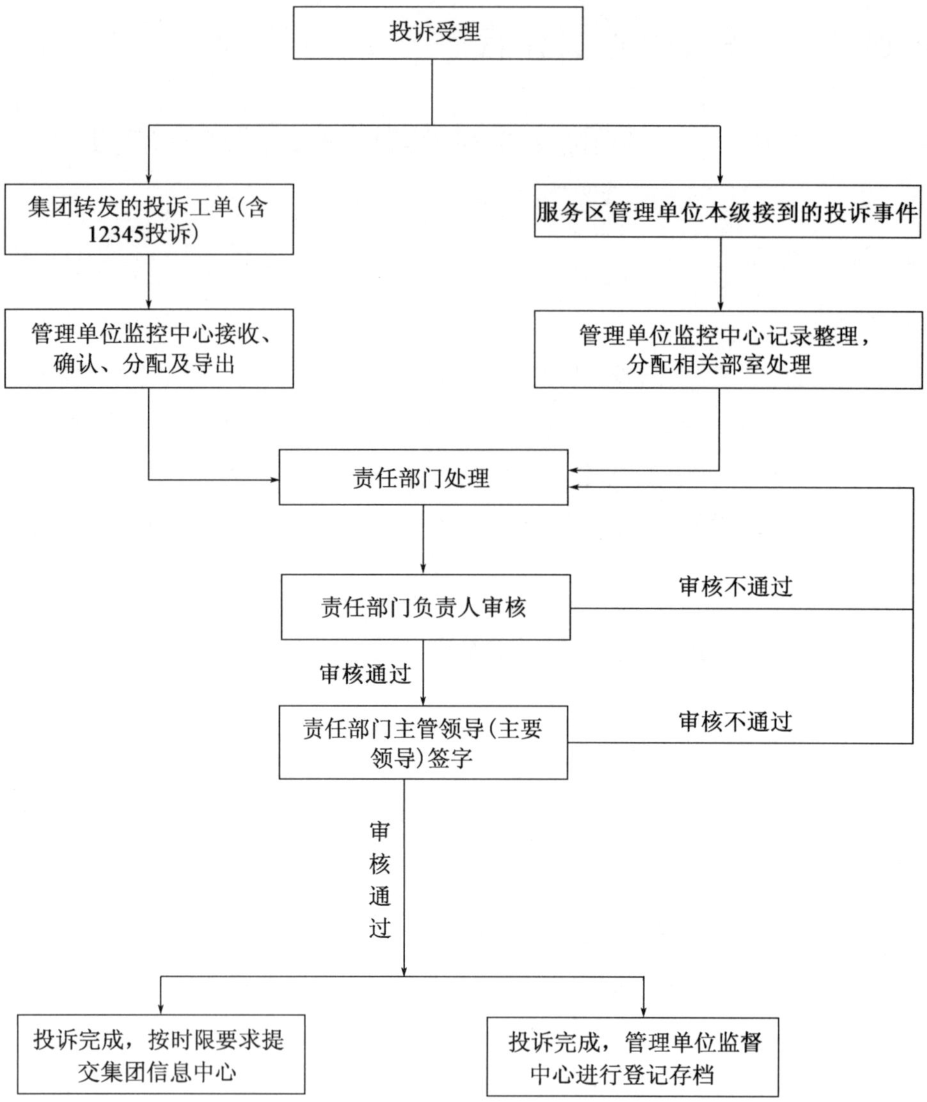


图5.8-1　服务区管理单位投诉处理工作流程图

## 5.9　信息发布、上报处置工作程序

### 5.9.1　公司内部信息发布处置工作程序

(1)有信息发布需求的部室对所需发布的信息进行收集、编排,填写“信息发布申请表(对内)”进行发布内容的审核,经审核后提交服务质量监督中心。

(2)服务质量监督中心接收并核实已审核通过的“信息发布申请表(对内)”。

(3)服务质量监督中心根据信息内容及发布平台技术要求编辑整理信息。

(4)服务质量监督中心按要求发布信息。

(5)申请发布信息的部室确认发布效果,服务质量监督中心将相关资料登记存档。

公司内部信息发布处置工作程序见图5.9-1。

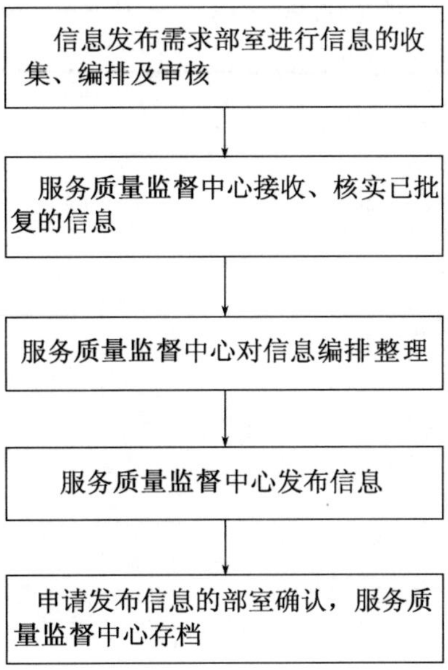


图 5.9-1　公司内部信息发布处置工作流程图

## 5.9.2　对外信息发布处置工作程序

1)公司直接发布信息处置工作程序

(1)有信息发布需求的部室对所需发布的信息进行收集、编排。

(2)申请部门填写“信息发布申请表(对外)”进行发布内容的审核。

(3)上报服务质量监督中心。

(4)服务质量监督中心根据发布标准进行发布。

(5)申请发布信息的部室确认发布效果,服务质量监督中心将相关资料登记存档。

2)在集团公司路网内发布系统、新媒体平台发布信息处理工作程序

(1)有信息发布需求的部室对所需发布的内容进行信息收集、编排。

(2)申请部室填写“信息发布申请表(对外)”进行发布内容的审核。

(3)上报服务质量监督中心。

(4)服务质量监督中心填写相关表格,向集团信息中心相关部室提交申请。

(5)由集团公司根据要求发布信息。

(6)申请发布信息的部室确认发布效果,服务质量监督中心将相关资料登记存档。

对外信息发布处置工作程序见图 5.9-2。

## 5.9.3　集团公司下发信息处置工作程序

(1)服务质量监督中心接收下发的信息并汇总整理。

(2)服务质量监督中心按要求及时转达公司相关部室并确认接收,如有反馈、报送需求及时限,应一并通知相关部室并确认。

(3)相关部室针对信息中要求采取相应措施且须按时限上报及反馈的内容,应在时限内上报服务质量监督中心。

(4)服务质量监督中心对相关部室的反馈及报送内容汇总整理后上报集团公司信息中心。

(5)服务质量监督中心及信息接收部门对信息处理工作进行登记存档。

集团公司下发信息处置工作程序见图5.9-3。

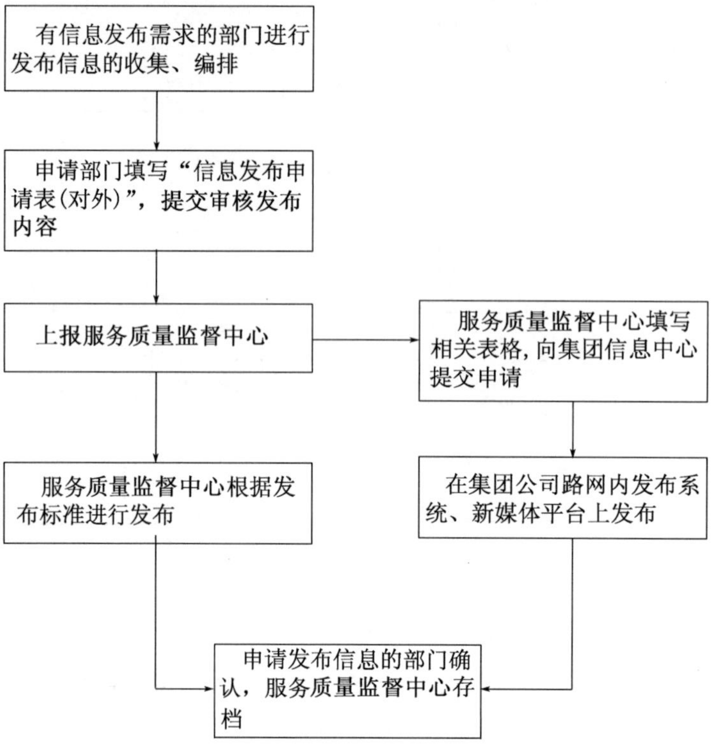


图5.9-2　对外信息发布处置工作流程图

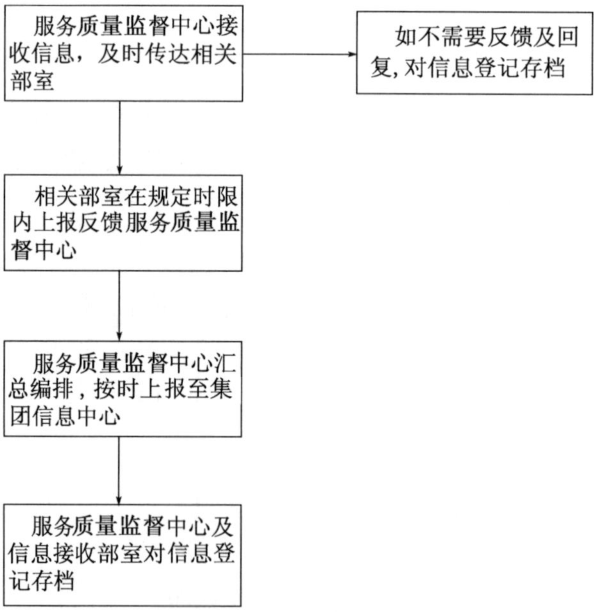


图5.9-3　集团公司下发信息处置工作流程

## 5.9.4　应急处置信息上报工作程序

(1)指服务区管理单位在进行应急处置工作时采取的信息处理工作。

(2)服务区管理单位发生应急处置事件后,相关部室应及时将相关事件情况及采取的措施上报服务质量监督中心。

(3)服务质量监督中心立即通知中心负责人及公司领导。

(4)服务质量监督中心按相关部室及领导要求上报集团信息中心。

(5)服务质量监督中心随时了解应急处置动态,发生应急处置的相关部室及时将应急处置情况上报服务质量监督中心。

(6)应急处置结束后,相关单位通知服务质量监督中心。

(7)服务质量监督中心汇总后上报集团信息中心,并完成"突发事件信息处置表"。

应急处置信息上报工作程序见图5.9-4。

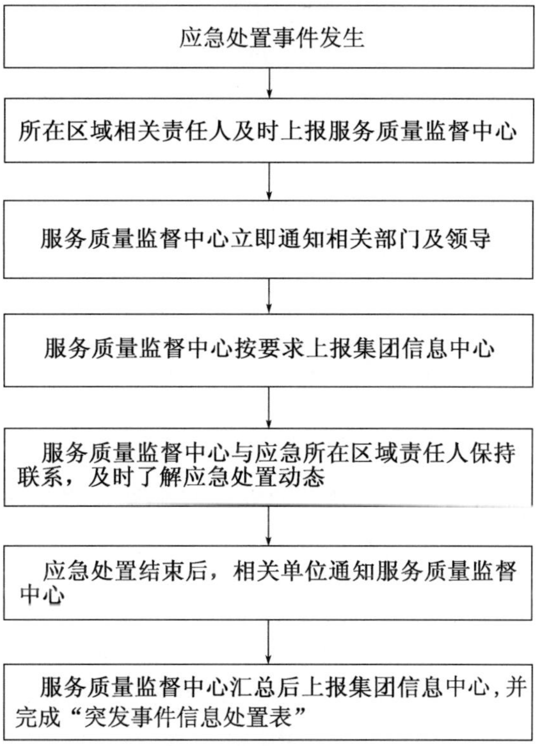


图5.9-4　应急处置信息上报工作流程图

# 第6章 服务区管理办法

## 6.1 服务区停车场管理办法

(1)服务区停车场24h免费开放,保安员应落实保安管理制度,履行保安职责。保安管理单位应不定期对保安工作进行检查,发现问题责令保安单位及时整改,并对整改结果进行反馈记录。

(2)各服务区应根据车流量特点,提前制订保安值班表,并配备充足的机动人员,确保出现客流高峰时,保安人员数量可以满足实际需求,并能妥善处理突发状况。

(3)服务区停车场承载力均达到饱和且排队车辆较多时,管理单位应立即开启办公区域停车场供外部顾客使用,同时,服务区可根据客流情况采取双向服务区停车场分流措施。

(4)管理单位应增加引导人员,与保安人员共同加强客流引导及秩序维护力度。

(5)停车场车流、客流出现增长时,管理单位应滚动播放安全提示,增设临时警示牌。重要出入口设置专人看守,引导防止发生拥堵。

(6)客流恢复常态后,责任单位应及时对停车场等公共场区的临时警示牌、临时导流装置等临时设备、设施进行清理,关闭办公区域停车场。

(7)服务区停车场保洁、照明等设施设备应保持100%完好率,保障服务广大顾客。

(8)服务区停车场保洁、照明等设施设备任何人严禁无故拆卸、挪动、破坏或用于其他用途。

(9)服务区办公室负责停车场设施设备的维修保养工作,并按照年度计划,配合公司落实各项设施设备大修工作。

## 6.2 公共卫生间管理办法

### 6.2.1 服务区公共卫生间灭杀蚊蝇管理办法

(1)服务区公共区域应定期开展蚊蝇灭杀工作,确保蚊蝇数量控制在3只(含)以下。

(2)灭杀工作自每年5月1日开始至每年10月31日结束。

(3)各区域责任单位负责辖区内的灭杀工作,包括确定具体工作时间、范围并组织开展。

(4)灭杀工作每天至少开展 2 次,期间如发现隐患应及时组织再次灭杀。

(5)灭杀工作中使用的药品由各单位自行购买,由各单位指定的人员使用及管理,其他人员不得擅自挪用药品或私自开展灭杀工作。

(6)各单位使用的灭蚊蝇药品应符合国家相关规定,且在正规药店或防疫物资经营单位进行购买。严禁使用三无药品或使用国家禁止使用的剧毒物质及危险工具开展相关工作。

(7)开展灭杀工作的人员应掌握基本灭杀程序,在防护措施齐全的情况下按制度流程进行灭杀。灭杀药品的浓度及用量应符合药品使用说明或国家、地方药品使用规定。

(8)灭杀工作应选择在客流较少时进行,喷洒药物前应做好对外提示工作,在密闭空间进行灭杀工作后应及时进行通风换气。

(9)工作人员应在每次灭杀工作结束后及时填写"公共卫生间灭蚊蝇工作记录"。

(10)各区域监管单位应每周对灭杀工作效果进行 1 次抽查,对过程中存在的问题在"服务区停车广场、公厕保洁工作考核表"内进行记录、反馈并督促相关工作人员及时进行整改,以确保区域内蚊蝇数量控制在标准范围内。

### 6.2.2　服务区第三卫生间管理办法

(1)第三卫生间提供 24h 无偿服务,任何组织或个人不得借任何名义进行收费。

(2)第三卫生间实行专人负责制,每天有专人负责清洁打扫。

(3)每年 5 月至 10 月每日按时灭蚊蝇。

(4)保洁员须着工服并佩戴统一制作的工作牌,操作程序符合相关规定。

(5)第三卫生间应做到随脏随扫。做到无烟头纸屑、无蚊蝇活蛆、无积尘蛛网、无污垢积水、无异味臭气;地面净、墙壁净、厕位净、外围净;指示标志牌完好,水电供给良好,设施五金完好。

(6)保洁人员应加强巡视,确保垃圾不满溢、散落,厕位、便池无积便、尿渍、污渍。

(7)保洁员发现顾客存在涂抹、刻画、张贴广告、随地吐痰、乱扔杂物、便池外便溺及损坏公共设备设施等行为,应采用文明礼貌用语及时劝止。

(8)出现客流高峰时,管理单位应立即启动应急预案,有效分散、疏导客流,确保卫生间运转正常,满足顾客如厕需求。

### 6.2.3　服务区公共卫生间设备设施管理办法

(1)公共卫生间内设施设备任何人严禁无故拆卸、挪动、破坏或用于其他用途。

(2)公共卫生间内各类设施设备应保持 100% 完好率,保障服务来往顾客。

(3)当班保洁人员负责检查本班次设备设施完好情况,如损坏,应上报服务区办公室进行维修。因迟报、不报等情况,以及造成严重后果的,按照相关规定进行考核。

(4)如损坏为水龙头、感应器等小件,服务区办公室应在 24h 内维修完毕。如维修复杂,应在 72h 内完成。

(5)服务区办公室应每天对公共卫生间卫生保洁和设施设备情况进行监督检查。

### 6.2.4 服务区公共卫生间重大节假日保障管理办法

(1)保洁单位应落实清扫保洁制度,及时履行保洁、清扫责任。保洁管理单位应每日对保洁工作进行检查,发现问题责令保洁单位及时整改,并对整改结果进行反馈记录。

(2)服务区公共卫生间管理单位应提前制订保洁排班表,确保出现客流高峰或临时卫生间开启时工作人员及物资储备能够满足实际使用需求,妥善处理突发状况。

(3)公共卫生间内发生排队如厕现象且排队人数达到10人时,或受设施故障、施工改造等情况影响导致附属公共卫生间承载力不足时,应及时开启临时卫生间。

(4)公共卫生间及临时卫生间承载力均达到饱和且排队如厕人数达到10人时,管理单位应立即开启办公区域卫生间供外部顾客使用。

(5)临时卫生间或办公区域卫生间开启时,管理单位应增加引导人员,加强客流引导及秩序维护的力度。

(6)公共卫生间客流出现增长时,管理单位应滚动播放安全提示,保洁人员应确保地面干燥,待客流恢复常态后及时清理地面及洁具。严禁使用全湿拖把清理地面,地面出现水渍或清理后的地面未干时应在可能产生隐患的区域设置明显提示牌,必要时设置专人看守、提醒。

(7)公共卫生间内设备设施出现损坏或停用时,管理单位应设置醒目的对外提示,并根据情况在必要时开启临时卫生间或采取分流措施。

(8)公共卫生间零配件丢失、损坏应在2h内修复完成;跑冒滴漏等一般维修项目应在12h内完成;由于水、电、设施出现故障,抢修难度较大的项目应在24h内修复完成。如上述维修不能在规定时间内完成,应及时将故障情况进行对外公示。

(9)客流恢复常态后,责任单位应及时对临时卫生间进行清理、锁闭,设置对外关闭提示,并根据附属公共卫生间实际使用情况调整引导人员及保洁人员安排。临时卫生间关闭时应由管理单位妥善保管。

## 6.3 服务区公共场区及设备设施管理办法

### 6.3.1 服务区公共场区照明管理办法

(1)公共场区照明设施,是指用于服务区内广场、休息厅、绿地等处的路灯、变配电设施、灯杆、灯具、地上地下管线,以及其他照明附属设备、设施等。

(2)服务区公共照明设施的维护和管理应当遵循安全第一的原则,照明设施完好并正常使用。

(3)照明设施应符合节能要求,使用节能照明设备和控制系统,并且可以分时、分区域控制,达到亮度要求。

(4)公共场区照明设施要有专人负责管理,制订维护保养计划,定期清洗照明灯具。

(5)服务区广场内的高杆灯及路灯,要在车辆视线可及的位置粘贴反光材料,以保证安全。

### 6.3.2 服务区公共场区重大节假日管理办法

(1)重大节假日期间服务区成立安全疏导保障组,负责各服务区车辆疏导、保安调配、设备设施检查与隐患排查工作,开展预案演练工作等。

(2)安全疏导保障组合理调配保安人员,组织保安人员做好服务区车辆疏导工作,充分利用现有空间合理安排车辆排放。

(3)重大节假日前一周,各服务区负责人组织完成对各服务区内安全标识、消防栓、灭火器、值班车辆、广场井盖、出入口台阶、厕所地垫等的安全隐患自查,发现隐患立即整改,确保安全。

(4)重大节假日成立以各服务区负责人为首的应急小组,发生突发情况时立即启动应急预案,在服务区内按规定提前开展防恐等突发事件演练活动。

(5)做好单位内部消防、交通、机电、治安保卫等方面安全生产工作,加强员工安全教育和培训,进一步增强全员安全防范技能。

(6)组织开展安全隐患排查,及时消除各类安全隐患,坚决杜绝各类安全生产事故和刑事案件的发生。

(7)客流恢复常态后,责任单位应及时对停车场等公共场区的临时警示牌、临时导流装置等临时设备、设施进行清理,关闭办公区域停车场。

### 6.3.3 服务区公共区域音乐播放管理办法

(1)背景音乐的曲目及内容由服务区管理单位统一选取、制作;各服务区(停车区)公共区域管理单位负责背景音乐的播放及播放系统的管理与保养。

(2)服务区(停车区)背景音乐播放时间为每日8:30至16:30,遇法定公休、假日正常播放。

(3)背景音乐由多首曲目组成,音乐总时长约50~70min,所有曲目播放1遍后,应间隔20min再次进行滚动播放。

(4)背景音乐内穿插有“小心地滑,严防摔伤”“注意财务看管”“严禁吸烟”“节约用水”“文明礼让”等内容的警示、提示用语。

(5)公共区域管理单位应指定专人负责背景音乐的播放工作。

(6)背景音乐的播放音量应调整适中,以顾客面对面听到对方谈话为宜。

(7)在未经服务区管理单位允许的情况下,任何人员不得私自播放或更改播放的曲目。

### 6.3.4 服务区设备设施日常维修管理办法

(1)为了加强日常维修管理,使各类设备设施处于良好运转状态,切实保障好各项工作的有序开展,更好地为各部室单位服务,特制订本办法。

(2)各服务区办公室负责本服务区内各单位的具体维修工作。

(3)发现房屋、门窗、桌椅、水电设施、各类器材等出现损坏、故障或不安全因素,由使用责任人填写维修报告单,经所在单位或部门负责人核准后,向服务区办公室报修,服务区办公室派员进行维修;各单位或部门遇到停电、水管爆裂等紧急情况可直接电话报修。维修报告人须认真填写维修报告单,写明地点、方位及需要维修的具体情况等。

(4)维修申报人应妥善保管好损坏部分的物品(包括零件),以提高维修质量,加快维修速度,节约开支。

(5)大范围的维修应在经营淡季前作出全面计划,编制好预算,报领导审批后,利用经营淡季或恰当时机进行整修。

(6)服务区办公室接到维修单后,核实维修情况,根据轻重缓急安排维修计划,落实措施。

(7)凡属人为因素造成财产损坏需要维修的,先与服务区办公室联系定价,到服务区财务交清维修款后由公司组织维修。

(8)服务区办公室应及时组织人员对损坏的设施设备进行维修,以保证经营、管理活动的正常运转。

(9)对于无力承担的维修任务,服务区办公室应及时报告主管领导审批,外聘专业人员维修。具体业务(维修费用、完成时间、监督验收等)由分管领导指定专人负责。

(10)对于有些维修任务,因各种原因无法马上解决的,应向申报人说明原因。

(11)维修人员在完成维修任务后,请报告人签字,并注明完成的时间。

(12)维修工作没有到位或不能达到要求的,应重新维修;如有客观困难的,应向报告人进行解释,取得谅解。

(13)各经营单位财产、设施由经营单位负责人负责上报,服务区公益性设施维修报告由服务区负责人负责。

(14)全体员工发现公司财产损坏,尤其对存在安全隐患的问题,都有义务及时向公司上报。

### 6.3.5 服务区资产、设备、设施等损害赔偿管理办法

(1)为了加强服务区各项资产、设备、设施管理,确保服务区正常运营,提高各类资产、设备、设施的使用效益,在服务区建筑物、构筑物、资产、设备、设施产生损害后,为保证公司权益,规范服务区办公室处置程序,特制订本办法。

(2)本办法适用范围为公司所属各服务区、停车区的各类资产,包括但不限于房屋建筑、门窗、公共卫生间洁具、休息区桌椅、停车场路面、广场照明设施、各类指示牌、绿化带等。

(3)各服务区负责人为服务区各项资产、设备、设施管理的第一责任人,负有服务区各项资产、设备、设施的巡查保管、维护维修、处置申报、损害追偿责任。

(4)保安员负责服务区日常巡逻,对服务区安全、各类资产、设备、设施进行巡查,及时

发现并制止导致服务区资产、设备、设施损害的行为，保护现场以及相关证据，并将情况第一时间报服务区办公室。

（5）服务区全体员工发现服务区资产、设备、设施遭到损害后，有义务第一时间报服务区办公室处理。

（6）下列责任事故造成服务区资产、设备、设施损害的，责任人应给予赔偿：

①因驾驶车辆不当，在服务区发生事故造成的损害。

②因使用不当造成的损害。

③蓄意破坏、偷窃等造成的损害。

④其他应由当事人负责的损害行为。

（7）赔偿原则：

①依照国家相关法律法规规定，对责任人进行索赔。

②依照高速公路设备设施赔偿管理办法，对责任人进行索赔。

③如损坏零件或损害部分不影响其他部分，则只对损害部分进行赔偿。

④如损害能够修复，不影响正常使用，则只赔偿维修费用。

⑤如对某资产、设备、设施整体损害，不能维修恢复，失去使用价值，则根据情况对整体进行赔偿。

（8）赔偿方式：责任人可根据其损害造成的损失，照价赔偿现金；也可以对其造成的损害修复原样或赔偿原物品。

（9）赔偿标准：

①建筑物、构筑物、广场地面以及其他重要设备损坏赔偿标准，须与资产物业管理部共同确定，以具备资质的维修单位提供的修复报价为依据。

②固定资产赔偿标准以资产原值及折旧、残值情况为依据，与资产物业管理部共同确定。

③其他小型设备设施以原采购价格作为赔偿依据。

（10）追偿程序：

①发现服务区资产、设备、设施遭到损害的工作人员，应立即使用手机、相机、执法记录仪等设备进行拍照或录像，留好嫌疑车辆、嫌疑人相关信息，并第一时间报服务区办公室处理。

②服务区办公室接到相关信息后，负责人或值班人员应第一时间赶往现场处置，并保证服务区现场处置人员（服务区负责人、值班人员、保安员、其他工作人员等）至少2人。

③在责任清晰、损害较小、当事人积极配合的情况下，服务区现场处置人员可根据损害赔偿标准（可以请路产公司、养护公司、服务区管理单位等协助确定赔偿标准）与当事人确定赔偿方案，并要求当事人履行。如果因客观原因当事人不能现场履行赔偿方案，可向当事人索取身份信息和联系方式等，填写“服务区资产损失现场勘察记录表”，并由损害责任人、服务区人员现场核对后，共同签字确认，与损害现场相关照片、录像等证据共同留存。

④在服务区资产、设备、设施等遭到较大损害、当事人不配合赔偿工作或者当事人蓄意破坏、盗窃等情况下,服务区负责人须立即上报主管部室与安全保卫部,并报警,同时组织人员收集现场照片、视频、监控录像等证据,并保护好现场直至警方人员接手。

⑤损害责任人以修复原样或者赔偿损害原物品形式进行赔偿的,服务区办公室须进行验收,涉及建筑物、构筑物、固定资产的修复或赔偿时,须请公司资产物业管理部共同验收;由服务区人员填写“服务区资产损失现场勘察记录表”,并由损害责任人、服务区人员现场核对后,共同签字确认。

⑥损害责任人以现金形式赔偿的,可通过两种方式进行赔偿:a. 服务区办公室可要求其直接将现金交到服务区财务,并由服务区财务开具收据;b. 由服务区办公室双人接收现金,3 个工作日内将赔偿款与“服务区资产损失现场勘察记录表”一起上交服务区财务,取得收据后交给赔款人。服务区办公室必须将收到的全部赔偿款上交服务区财务,严禁以任何理由私自克扣、存放赔偿款,严禁直接使用赔偿款开展维修、采购等活动。

⑦整个损害情况处理结束后,服务区办公室需要将处置过程中所产生的文件、单据、照片等作为附件,由服务区负责人签字后存档,同时将处置前后产生的全部材料的复印件报主管部室留存。

### 6.3.6 服务区污水处理管理办法

(1)污水处理设备安装场所为有限空间,封闭式管理,严禁外人进入,严禁单人操作,如需要检修,请专业人员实施,并要求有安全人员陪同。

(2)污水处理设施由专人负责管理,操作人员应经培训后持证上岗,按规程进行操作。

(3)制订污水处理设施工艺流程图、操作规程及要求,并挂在污水处理有限空间的醒目位置。

(4)没有特别情况,严禁随意改变、拆装、移动运行中的设备。

(5)认真执行设备保养计划,按要求填写设备维修保养记录及故障记录。

(6)巡视人员按要求填写污水处理设施日运行记录表,按月汇总整理装订成册备查。

(7)现场操作人员按要求填写服务区污水处理设施巡检及维护保养记录表及日常管理资料,按月汇总整理装订成册备查。

(8)环保部门现场检查时应如实反映情况,提供必要的资料,不得拒报、漏报、瞒报,不得拒绝或妨碍检查工作的正常运行,否则按有关规定进行处理。

### 6.3.7 服务区二次供水管理办法

(1)供水、管水设兼职人员管理,管水人员身体健康,无任何卫生传染疾病,并且每年进行健康体检和卫生知识培训。

(2)二次供水系统结构严密,楼顶水池人孔口处加盖上锁。

(3)储水池每年清洗 1 次,除指定管水员和专业清洗人员外,其他人员不得参与水池清洗，清洗完毕后，建立水池清洗消毒记录，并接受相关部门检查。

(4)在供水期间不间断地对水质情况进行检查化验，使二次供水水质达到供水标准。若发现水质达不到供水标准，及时和供水部门取得联系，并寻求帮助，达不到供水标准的水绝不能给职工供应。

### 6.3.8　服务区化粪池清掏管理办法

(1)服务区管理单位应统一与属地环卫部门或有相关清掏清运资质的运营单位签订化粪池清掏合同。

(2)依据服务区客流量及污水处理能力，定期对化粪池做清掏清理工作。

(3)清掏期间，应做好提示，清掏完毕，应对现场进行蚊蝇消杀及去异味处理。

### 6.3.9　服务区垃圾分类管理办法

(1)深入贯彻落实《北京市生活垃圾管理条例》，推进服务区垃圾分类工作，提高服务区的垃圾分类质量，探索服务区垃圾减量化、无害化、资源化处理可行途径，提高服务区工作人员的环保意识，掌握垃圾分类、回收利用的常识，推进公司所管辖服务区生活垃圾分类高质量、高效率、可持续发展。

(2)服务区管理单位工作职责。服务区管理单位是服务区生活垃圾分类工作的主管单位，负责组织开展所管辖各服务区生活垃圾分类的全面管理工作，主要职责如下：

①负责按照公司要求，建立健全服务区生活垃圾分类工作管理办法，规范服务区生活垃圾全面管理工作。

②负责各服务区生活垃圾分类监督检查、管理及考核工作。

③负责定期收集各服务区生活垃圾分类工作实施台账、季度小结、年度总结。

④负责公司关于生活垃圾分类文件的上传下达及宣传培训工作。

(3)基层管理单位工作职责。负责服务区生活垃圾分类日常管理工作，各基层管理单位负责人为所辖服务区生活垃圾分类管理工作第一责任人，主要职责如下：

①负责定期上报服务区生活垃圾分类月工作实施台账、季度小结、年度总结。

②负责将服务区生活垃圾分类相关文件的学习、宣传、培训、学习记录等资料及时上报部室与留存备查，在此基础上做好本服务区保洁员生活垃圾分类培训、学习(含培训记录、培训现场照片、垃圾实物分类记录与照片)，每月至少 1 次。同时落实生活垃圾分类记录登记和自查工作，垃圾分类工作信息收集(含影像、照片)、梳理、存档工作。

③负责服务区整体区域(含外包单位、特色小吃档口、水果店、特色特产店、洗车房、汽车修理厂等)垃圾桶垃圾存放地点墙面、地面干净整洁，张贴垃圾桶位置标识，垃圾分类标志标识完整、无残缺、外观整洁、无污渍、无异味、无溢出、分类明确无误。要求使用四分类垃圾桶分别清运至集中存放指定地点，清运过程中清运垃圾桶要干净整洁、完好、标识标志清晰，清运过程中无垃圾物裸露桶外、无污水滴漏和再次产生环境影响等情况。

④负责本服务区垃圾存放池选址，按照要求统一建设存放垃圾池设备设施、统一张贴

垃圾池站点指示牌。

⑤负责服务区区域生活垃圾分类垃圾桶,垃圾存放站点设施完整、无损坏、整体完好。同时负责将本服务区生活垃圾按照四分类分别收集、存放、归类,垃圾存放量及时消纳处理,无垃圾积累与溢出现象。

⑥负责本服务区垃圾清运、消纳,收集属地备案资质齐全的相对方材料。负责签订属地垃圾分类清运、消纳处理合同或协议,厨余垃圾与生活垃圾应单独签订属地垃圾分类清运、消纳合同或协议。负责合同或协议签订、履行、解除、续签及法律纠纷等各项工作,严格按照《北京市生活垃圾管理条例》执行。

⑦负责本服务区四分类的清运、消纳、处理,监督清运过程中不得遗撒垃圾物及污水。

(4)垃圾分类要求:服务区垃圾按照四分法分类,即有害垃圾(红色桶)、可回收垃圾(蓝色桶)、厨余垃圾(绿色桶)、其他垃圾(灰色桶)。

①有害垃圾:是指含有有毒有害化学物质的垃圾,包括电池(蓄电池、纽扣电池等)、废旧电子产品、废旧灯管灯泡、过期药品、过期日用化妆用品、染发剂、杀虫剂容器、除草剂容器、废弃水银温度计、废油漆桶、废打印机墨盒、硒鼓等。投放时要保证废弃节能灯管及日灯管不破损。

②可回收垃圾:是指再生利用价值较高,能进入废品回收渠道的垃圾,包括纸类(报纸、传单、杂志、旧书、纸板箱及其他未受污染的纸制品等)、金属(铁、铜、铝等制品)、玻璃(玻璃瓶罐、平板玻璃及其他玻璃制品)、除塑料袋外的塑料制品(泡沫塑料、塑料瓶、硬塑料等)、橡胶及橡胶制品、牛奶盒等利乐包装、饮料瓶(可乐罐、塑料瓶等)等。可回收垃圾请确保未受污染,饮料瓶牛奶盒中的残液倾倒干净。

③厨余垃圾:是指食堂及餐饮行业等产生的食物下脚料和食用残余,包括剩菜剩饭、骨头、菜根菜叶、果皮、过期食品等食品类废物。动物大骨难以生物降解处理,不宜将其投入厨余垃圾。

④其他垃圾:是指除有害垃圾、厨余垃圾、可回收垃圾以外的其他生活垃圾,包括受污染与无法再生的纸张(纸杯、照片、明信片、相册、卫生纸、尿片等)、塑料袋与其他受污染的塑料制品、废旧衣物与其他纺织品、妇女卫生用品、一次性餐具、贝壳、烟头等。

(5)垃圾桶标识应符合北京市垃圾桶标识标准。

(6)垃圾定点设置标准及垃圾分类存放:

①服务区办公区域及集宿地区域分别设置三分类垃圾桶,即有害垃圾、可回收垃圾、其他垃圾垃圾桶,按标准配备分类垃圾桶,并设置统一的标志标识。

②服务区停车场及公共区域分别设置四分类垃圾桶,即有害垃圾、可回收垃圾、厨余垃圾、其他垃圾垃圾桶,适当进行硬化、美化,按标准配备分类垃圾桶,并设置统一的标志标识。

③服务区大厅分别设置二分类垃圾桶,即可回收垃圾、其他垃圾垃圾桶。对餐厅、档口区域设置三分类垃圾桶,即可回收垃圾、厨余垃圾、其他垃圾垃圾桶,按标准配备分类垃圾桶,并设置统一的标志标识。

④服务区公共卫生间洗手池区域分别设置二分类垃圾桶，即可回收垃圾、其他垃圾垃圾桶，按标准配备分类垃圾桶，并设置统一的标志标识。

⑤服务区餐饮厨房、小吃档口、水果店、特色特产店区域分别设置四分类垃圾桶，即有害垃圾、可回收垃圾、厨余垃圾、其他垃圾垃圾桶，按标准配备分类垃圾桶，并设置统一的标志标识。

⑥服务区车辆修理厂、洗车房区域分别设置三分类垃圾桶，即有害垃圾、可回收垃圾、其他垃圾垃圾桶，适当进行硬化、美化，按标准配备分类垃圾桶，并设置统一的标志标识。车辆修理厂日常产生废旧轮胎、旧配件、大件物品、废机油、齿轮油等，应在修理厂内设置指定专业回收油桶及废旧物品存放地点，基层管理单位实施监督管理。

⑦各服务区结合实际，按照垃圾分类规范要求在本服务区确定垃圾桶设置点，适当进行硬化、美化，按标准配备分类垃圾桶，并设置统一标志标识。

(7)其他注意事项：

①夏季为防止生活垃圾滋生蚊蝇、异味，服务区办公室必须及时对生活垃圾进行处理，或者由保洁人员进行喷药灭害处理、清理。

②为防止产生过多的垃圾，各服务区应该进行清洁生产，通过纸张再利用、无纸化办公等措施，进行精细化生产操作。

### 6.3.10　服务区绿化管理办法

(1)在绿化养护过程中，服务区公益管理人员、监督、检查工作人员作业，绿化覆盖率达到要求，区域内无黄土裸露。

(2)保洁人员每天上班应巡查 1 遍室内外花草，及时清除残花黄叶、断枝、盆内杂物，并调整好花盆。

(3)室内花淋水应视盆泥的湿度而定，对草坪淋水视天气情况而定，以不出现缺水枯萎为原则。

(4)发现病虫害应及时喷药，花木绿化养护对花应每年施肥 3 ~4 次。

(5)草坪修剪应在无降雨、草干的情况下进行，一般每两个月剪 1 次，同时做好记录。

(6)乔木的修剪于头年 12 月至次年 2 月进行。造型树应每两个月修剪 1 次，以保持外形。

(7)坚持预防为主、防治结合的原则，当病虫害发生时应及时进行处理，防止其蔓延扩散。

(8)所有绿化机械使用前必须检查油管、油箱是否漏油。室外作业时，运输途中必须关闭刀盘。机械在使用前必须检查其电源开关等设备是否有短路、断路、漏电等现象，注意用电安全。

## 6.4 加油站管理办法

### 6.4.1 加油站油品销售管理办法

(1)加油站禁止掺配和销售不合格油品,不准擅自在油品中掺兑任何代用品。

(2)加油站计量器具按期送检,加油机的最大允许误差不得超过 ±0.3%,确保所售油品数量充足,严禁缺斤短两、克扣客户。

(3)加油站严禁使用加油卡、支票、信用卡及其他任何形式套取现金。

(4)未经公司授权严禁泄漏公司销售、管理等商业秘密。

### 6.4.2 加油站服务操作管理办法

(1)看到车辆进站立即站立相迎,指挥车辆驶入加油位置,使用礼貌用语招呼驾驶员。

(2)主动问清顾客需加油品型号和数量,并主动帮助顾客打开车辆油箱盖,提枪回零,请顾客确认后方可加油。

(3)加油时精力集中,不冒不洒;当车辆多时应对排队车辆目视微笑示意稍等,耐心引导顾客有次序加油。

(4)加油完毕要报请加油数量,请顾客确认,主动帮顾客盖好油箱,收清油款,并用礼貌用语送顾客离站后方可走开。

(5)对因抛锚需要加油而无法进站加油的车辆,想办法为顾客解决困难。

### 6.4.3 加油站油罐区管理办法

(1)油罐区由专人管理,拒绝任何人在油罐区 30m 内逗留。

(2)保持油罐区的整洁、有序。

(3)油罐区禁止吸烟,杜绝一切烟火隐患。

(4)所有油品合理存放。

### 6.4.4 加油站设备设施日常管理办法

(1)检查确认设备上附件是否齐全。

(2)检查设备、管路是否有泄漏情况,及时处理设备出现的泄漏。

(3)检查设备防腐情况,及时对设备进行除锈防腐维护。

(4)确认紧急切断阀系统状况是否完好。

(5)检查仪器仪表的显示和警戒线是否正确、清晰。

(6)检查静电接地设施是否无松脱,保证完好。

(7)消除设备周边环境火险等隐患。

(8)每周检查 1 次法兰、阀门间的紧固情况。

(9)每周检测1次紧急切断系统的动作状况。

(10)每周对液位计进行检查维护,防止气阻。

(11)每月对消防器材进行全面检查。

(12)生产运营中设备出现故障,当班班长与维修工无法检修时,由班长向加油站负责人反映,由加油站负责人组织人员进行维修。

### 6.4.5　加油站接油工作管理办法

(1)油罐车进站后将其安全引导至卸油场地,并告知驾驶员将车辆熄火,检查油车安全设施是否齐全有效。

(2)对驾驶员进行安全提示,包括拉上手刹、打开海底阀、关闭发动机、切断罐车总电源、正确穿戴防静电工服、释放人体静电、严禁烟火、禁止使用手机等。

(3)连接静电接地线,按规定备好消防器材,确保卸油场地安全、周围无火种,将罐车静置15min。

(4)做好现场安全准备,具体如下:

①佩戴个人安全防护用品。

②在距卸油口5~8m处的上风方向,放置1具35kg推车式干粉灭火器,并展开喷粉管,喷头对准卸油口,处于临战状态,在卸油区放置1块灭火毯。

③在卸油区周围设置警示标志。

④检查罐车、卸油现场是否安全,确认地罐计量孔密闭,卸油胶管、油气回收胶管完好。

(5)检查铅封。加油站运营干事根据油罐车铅封登记本记录的铅封号,对油罐车卸油口处铅封进行核对并检查其完好性。如铅封号不一致或铅封破损,应立即上报上级主管,不予卸油。

(6)加油站运营干事应主动向油罐车驾驶员索要出库计量单据,并核对油品的型号。

### 6.4.6　加油站油品计量管理办法

(1)加油站油品计量管理应遵守《中华人民共和国计量法》和关于计量的法规、政策及公司油品计量管理规定。

(2)油品计量管理应做到日清、月结,掌握接卸、发油每个环节的数量变化动态,及时整理填报各种凭证、报表,保证报表、记录的完整、准确、及时性。计量中发现数量异常应及时查明原因。

(3)油罐、加油机、量油尺、温度计、密度计和容量标准器等计量器具必须按公司油品计量管理规定校准或检定,经检定合格后方能使用。

(4)加油机的允许误差不得超过±3‰,加油站每月至少进行1次加油机自检,超过允许误差值时,应及时上报上级主管,经确认后暂停使用,并报授权检定机构复检合格方能启用。除法定计量机构外,任何机构与个人不得拆毁加油机铅封。

### 6.4.7 加油站油品质量管理办法

(1)业务经理(站长)是加油站油品质量第一责任人,运营干事(安全计量)应协助做好油品质量控制工作。

(2)加油站油品配送车辆应遵循汽油和柴油运输车辆专车专用原则,运营干事在油品接卸过程中,应对油品配送车辆、油品质量进行把关。

(3)加油站不同型号的油品应分罐储存。

(4)雨、雪天气加油,应注意检查油品的质量,每日测量 1 次水高,卸油后及雨、雪天气结束后,及时测定水高,排除罐内积水。

### 6.4.8 加油站高水平服务管理办法

1)服务原则

(1)遵守原则:遵守加油站规章制度。

(2)自律原则:严格要求自己的行为,控制自己的情绪,以平和的心态面对工作。

(3)尊敬原则:尊敬顾客,尊敬同事,互谦互让。

(4)宽容原则:宽以待人,容许不同的意见,正确对待批评。

(5)平等原则:对待顾客不论身份、长相、与自己的关系等,一视同仁,主动、热情。

(6)从俗原则:尊重顾客的生活习惯及风俗习惯,对顾客的合理要求要正确对待。

(7)诚信原则:诚以待人,言行一致。

(8)适度原则:服务注意技巧、合乎规范,行为及语言符合岗位要求,不做作。

(9)互助原则:服务是团体活动,相互帮助,相互照应,团结协作。

(10)创新原则:服务无定式,创造最适宜的服务方法、方式。

2)四不准

(1)不准一只脚放在泵岛上,一只脚放在泵岛下。

(2)不准靠在柱子上。

(3)不准靠在加油机上。

(4)不准靠在顾客汽车上。

### 6.4.9 加油站管理质量记录

(1)加油站消防设施检查记录表(表 6.4-1)。

(2)加油站交接班记录表(表 6.4-2)。

(3)加油站安全卸油记录表(表 6.4-3)。

(4)加油站油品验收登记表(表 6.4-4)。

(5)加油站工作检查记录表(表 6.4-5)。

(6)加油站设备维修验收记录表(表 6.4-6)。

(7)加油站油品自测记录表(表 6.4-7)。

(8)加油站监控记录表(表 6.4-8)。

(9)加油站日常安全检查表(表 6.4-9)。

**表6.4-1 加油站消防设施检查记录表**

编号：YFWQ-1

年 月

站别：

| 设备名称 | 放置地点 | 检查日期 | | | | | | | | | | | | | | | | | | | | | | | | | | | | | | |
|---|---|---|---|---|---|---|---|---|---|---|---|---|---|---|---|---|---|---|---|---|---|---|---|---|---|---|---|---|---|---|---|---|
| | | 1 | 2 | 3 | 4 | 5 | 6 | 7 | 8 | 9 | 10 | 11 | 12 | 13 | 14 | 15 | 16 | 17 | 18 | 19 | 20 | 21 | 22 | 23 | 24 | 25 | 26 | 27 | 28 | 29 | 30 | 31 |
| | | | | | | | | | | | | | | | | | | | | | | | | | | | | | | | | |
| | | | | | | | | | | | | | | | | | | | | | | | | | | | | | | | | |
| | | | | | | | | | | | | | | | | | | | | | | | | | | | | | | | | |
| | | | | | | | | | | | | | | | | | | | | | | | | | | | | | | | | |
| | | | | | | | | | | | | | | | | | | | | | | | | | | | | | | | | |
| | | | | | | | | | | | | | | | | | | | | | | | | | | | | | | | | |
| | | | | | | | | | | | | | | | | | | | | | | | | | | | | | | | | |
| | | | | | | | | | | | | | | | | | | | | | | | | | | | | | | | | |
| | | | | | | | | | | | | | | | | | | | | | | | | | | | | | | | | |
| | | | | | | | | | | | | | | | | | | | | | | | | | | | | | | | | |
| | | | | | | | | | | | | | | | | | | | | | | | | | | | | | | | | |
| | | | | | | | | | | | | | | | | | | | | | | | | | | | | | | | | |
| | | | | | | | | | | | | | | | | | | | | | | | | | | | | | | | | |

检查人：

## 表 6.4-2　加油站交接班记录表

编号：YFWQ-2

站班次：　　　　　　　　　　　　　　　　　　　　年　　月　　日

| 规格 | 单位：L | | | 现金额小计（元） | 加油枪号 | 泵码累计 | | |
|---|---|---|---|---|---|---|---|---|
| | 现金 | 油卡 | 加出总公升 | | | 上班泵码 | 本版泵码 | 本班小结 |
| 95 号 | | | | | | | | |
| | | | | | | | | |
| | | | | | | | | |
| | | | | | | | | |
| 92 号 | | | | | | | | |
| | | | | | | | | |
| | | | | | | | | |
| | | | | | | | | |
| | | | | | | | | |
| 柴油 | | | | | | | | |
| | | | | | | | | |
| | | | | | | | | |
| | | | | | | | | |
| 机油 | | | | | | | | |

| | | | | |
|---|---|---|---|---|
| 消防器材 | 消防桶 | | 消防枪 | |
| | 消防沙 | | 灭火毯 | |
| | 消防铲 | | 消防斧 | |
| | 35kg 灭火器 | | 5kg 灭火器 | |
| 机电设备 | 加油机运转情况： | | | |
| 卫生 | 营业厅 | | 卫生间 | |
| | 加油区 | | 加油机 | |
| 发票起止号 | 普通发票 | | 交接人签字： | |
| | 增值税发票 | | | |
| 备用金 | 款台备用金 | | | |
| | 加油员备用金 | | 交接人签字： | |
| 备注 | | | | |

填表人：

**表 6.4-3　加油站安全卸油记录表**

编号:YFWQ-3

| 日期 | | 时间 | | 质控员 | |
|---|---|---|---|---|---|
| 地连接线 | | 警示标识 | | 出气孔 | |
| 卸油单位 | | 油品型号 | | 灭火器材 | |
| 驾驶员签字 | | | 安全员签字 | | |
| 备注 | | | | | |

**表 6.4-4　加油站油品验收登记表**

编号:YFWQ-4

| 日期 | 送油单位 | 标号 | 密度 | 辛烷值 | 送油数量 | 实收数量 | 驾驶员签字 | 质控员签字 | 监督员签字 |
|---|---|---|---|---|---|---|---|---|---|
| | | | | | | | | | |
| | | | | | | | | | |
| | | | | | | | | | |
| | | | | | | | | | |
| | | | | | | | | | |

**表 6.4-5　加油站工作检查记录表**

编号:YFWQ-5

| 日期 | 岗位 | 出 错 原 因 | 处 罚 类 别 | | 被 检 查 人 | 检　查　人 |
|---|---|---|---|---|---|---|
| | | | 警告 | 扣分 | | |
| | | | | | | |
| | | | | | | |
| | | | | | | |

**表 6.4-6　加油站设备维修验收记录表**

编号:YFWQ-6

| 维修单位名称 | 维修时间 | 维修部位 | 维修费用 | 验收人签字 | 维修人签字 |
|---|---|---|---|---|---|
| | | | | | |

**表 6.4-7　加油站油品自测记录表**

编号:YFWQ-7

| 日期 | 站名 | 油品标号 | 加油枪号 | 加油机数值 | 实测数值 | 合格率 | 检测人签字 |
|---|---|---|---|---|---|---|---|
| | | | | | | | |

**表 6.4-8　加油站监控记录表**

编号:YFWQ-8

站别:

| 日期 | 年　　月　　日 | 星期 | | 值班人 | |
|---|---|---|---|---|---|
| 监控设备运转情况 | | | | | |
| | | | | | |

**表6.4-9　加油站日常安全检查表**

编号:YFWQ-9

| 巡查项目 | 序号 | 巡查内容 | 检查标准 | 检查时间及结果 | | | | | | | |
|---|---|---|---|---|---|---|---|---|---|---|---|
| | | | | 时 | 分 | 时 | 分 | 时 | 分 | 时 | 分 |
| 前庭 | 1 | 员工形象 | 员工形象、劳动纪律符合规定 | | | | | | | | |
| | 2 | 服务 | “加油十三步”“收银六步”是否规范运用,及时投币 | | | | | | | | |
| | 3 | 现场安全 | 无加油违规操作和违反安全十大禁令的行为 | | | | | | | | |
| | 4 | 场地 | 无垃圾、积水、油污,标识牌、警示牌完好 | | | | | | | | |
| | 5 | 消防器材 | 数量齐全,压力正常,位置正确,卫生良好 | | | | | | | | |
| | 6 | 加油机 | 外观完好无油污,加油枪无故障,视油器无气泡杂质,计数器显示清晰、内部完好 | | | | | | | | |
| | 7 | 照明灯具 | 照度正常,符合防爆要求 | | | | | | | | |
| | 8 | 罩棚 | 无漏雨、无开裂、无材料脱落 | | | | | | | | |
| 营业室/便利店 | 1 | 卫生 | 商品或物品摆放整齐有序,室内干净整洁 | | | | | | | | |
| | 2 | 服务 | 按规范要求为顾客介绍商品并使用礼貌用语 | | | | | | | | |
| | 3 | 消防器材 | 数量齐全,压力正常,位置正确,卫生良好 | | | | | | | | |
| 油罐区 | 1 | 灌区 | 罐区干净整洁无杂物、无易燃物、无明显油气味 | | | | | | | | |
| | 2 | 操作井 | 无积水、油污、杂物,无明显油气味,无裂损、锈蚀、渗漏,跨接完好,量油口密闭 | | | | | | | | |
| | 3 | 通气管 | 安装牢固,阻火器无油污,管线无腐蚀损坏,干燥剂无变色(乙醇汽油) | | | | | | | | |
| | 4 | 卸油区 | 卸油区干净,无油污和明显油气味,卸油口密闭,管件完好,开关灵活,无渗漏,无腐蚀 | | | | | | | | |
| | 5 | 消防器材 | 配置齐全,压力正常,完好无损坏,摆放正确,卫生良好 | | | | | | | | |
| | 6 | 静电报警器 | 接头紧固,无锈蚀损坏 | | | | | | | | |
| | 7 | 液位仪 | 运行正常,信号线完好 | | | | | | | | |
| | 8 | 潜油泵 | 运行正常,无异常声音,无渗漏 | | | | | | | | |
| | 9 | 油气回收 | 无异常声音,无渗漏,无油气味 | | | | | | | | |
| | 10 | 油罐 | 无明显下沉和上浮 | | | | | | | | |
| 电气设备 | 1 | 开关柜 | 开关完整牢固,线路无搭连,无乱接 | | | | | | | | |
| | 2 | 配电箱 | 仪表完好准确,线路规则有序,继电器动作灵敏,接地保护设施有效完好,无烧结,无乱接 | | | | | | | | |
| | 3 | 发电机 | 安装牢固,无渗漏,皮带无松动、龟裂 | | | | | | | | |
| | 4 | 照明设备 | 线路规则,开关插座完好,灯具无过热、损坏 | | | | | | | | |
| | 5 | 消防器材 | 附件齐全,压力正常,位置正确,卫生良好 | | | | | | | | |

续上表

| 巡查项目 | 序号 | 巡查内容 | 检查标准 | 检查时间及结果 | | | |
|---|---|---|---|---|---|---|---|
| | | | | 时　分 | 时　分 | 时　分 | 时　分 |
| 锅炉房 | 1 | 热水锅炉 | 附件齐全,管线无锈蚀、无滴漏,通风良好 | | | | |
| | 2 | 燃油锅炉 | 附件齐全,油路畅通,操作灵活,通风良好 | | | | |
| | 3 | 消防器材 | 附件齐全,压力正常,位置正确,卫生良好 | | | | |
| 环保 | 1 | 隔油池 | 无开裂、无明显浮油、无杂物 | | | | |
| | 2 | 卫生间 | 设备设施完好、无损坏,地面不湿滑 | | | | |
| 加油站经理巡查及存在问题处理情况:<br><br>加油站站长: | | | | | | | |

日期:　　　　　　　　　　　　　　　　　　　　　　检查人:

## 6.5 便利店管理办法

### 6.5.1 便利店商品库房管理办法

(1)便利店店长合理掌控商品库存。

(2)商品须按类别分类码放。

(3)为保证质量,库存商品出货应坚持先进先出、保证质量。

(4)库存商品保持清洁,随时清理,对破损商品、有异味商品和残次商品及时进行处理。

(5)保持库房清洁,及时清理室内卫生。

(6)库房内不准存放私人物品及易燃易爆等危险品。

### 6.5.2 便利店库存商品存量控制管理办法

(1)便利店店长合理掌控商品库存。

(2)根据淡旺季商品销售量计算最低库存量和最高库存量。

(3)原则上,畅销商品及应急保障类的商品以 3 日销售量为最低库存量,以 1 周销售量为最高库存量。

(4)保质期在 1 年以上且每日销售单品在 20 件以下的商品,以 1 周的销量为最低库存量,以两周的销量为最高库存量。

(5)其他商品结合包装规格以 1 个月的销量为最低库存量,以两个月的销量为最高库存量。

(6)便利店店长须与采购人员及时沟通,控制商品的最高库存量及最低库存量。

### 6.5.3 便利店滞销商品处置办法

(1)临近保质期的滞销商品,由便利店店长负责与供应商洽商退换货工作,也可以上报部室相关负责人,由部室负责协调各单位之间的调货工作。不能做退换货的商品,由各单位负责人提出促销规定,减少公司损失。

(2)便利店店长要根据实际经营状况,制定特殊天气及特殊时期的库存量,以保障经营需要。

(3)各便利店店长要对本单位的商品库存进行监管,避免出现库存过低不能满足经营或者库存过高增加成本的状态发生。

(4)因管理不当,造成商品积压、过期、破损等情况发生的,由责任人按照商品的进价给予赔偿。

### 6.5.4 便利店商品盘点管理办法

(1)采取定期或不定期的方式,对商品进行清查,掌握营业期间内实际商品库存量,加强库房管理,减少损失。

(2)库存商品定期盘点时间为每月进行1次盘点,盘点时间按照财务要求确定。

(3)便利店店长负责便利店商品的盘点工作部署。

### 6.5.5 便利店商品陈列管理办法

(1)便利店商品常规陈列原则:

①整齐美观的原则。

②丰满清洁的原则。

③拿取方便的原则。

④按大类集中陈列的原则。

⑤按商品功能关联陈列的原则。

(2)便利店新品陈列原则:

①新品(含季节商品)到店后首先陈列在所属种类货架的黄金线(一般为上数1、2层板)上。

②使用新品推荐或小型卖点广告(POP)牌向顾客推荐新商品。

③新品陈列满1个月后要从黄金线上撤下,归入小类中做常规陈列。

(3)促销商品陈列原则:

①促销品应陈列在所属种类货架的黄金线(一般为上数第1、2层板)上。

②使用特价或小型POP牌向顾客推荐促销商品,写明促销日期。

③促销结束后要从黄金线上撤下,归回原位置做常规陈列。

(4)高毛利商品陈列原则:

高毛利商品(含高单价商品)尽量陈列在所属种类货架的黄金线(一般为上数第1、2层板)上,体积过大的商品不易放在上层,但也应陈列于明显位置。

### 6.5.6　便利店退换货管理办法

(1)顾客当日在本店购买的商品可在本店退货。

(2)顾客进行退换货时,必须提供原始购物小票或发票。

(3)顾客退换货的商品必须有原始的包装物和齐全的附件和赠品等。退换货商品价格一律按照购物原价给予处理。

(4)以下商品非质量问题一律不予退换:烟、酒、食品、冷饮、饮料、矿泉水、电池、日用品、书籍等。

(5)如因商品质量产生纠纷,由主张方到国家质量监督检测部门鉴定,以确定责任,鉴定费由责任方承担。

### 6.5.7　便利店商品"同城同价"管理办法

按照《交通运输部关于进一步提升高速公路服务区服务质量的意见》(交公路发〔2014〕198号)相关规定,依据《全国高速公路服务区服务质量等级评定办法(试行)》及《北京市高速公路服务区商品同城同价管理办法(试行)》的规定,为提升服务区服务质量,高品质满足公众出行需求,实现瓶装水和方便面等大众化商品"同城同价"要求,现结合公司实际情况,特制订管理办法。

(1)"同城同价"商品定义:指在北京市行政区内同等规模的便利店的价格。

(2)"同城同价"适用范围:公司所辖服务区内便利店及合作单位的便利店。

(3)"同城同价"商品范围:矿泉水、方便面等销量较大且公众认可度高的商品。

(4)"同城同价"商品定价标准:商品价格不高于北京市行政区域内同等规模24h便利店商品的正常平均零售价格(促销、特价商品价格除外)。

(5)便利店主管部室负责选择"同城同价"商品的品种,并提出商品零售价格的建议,报部室负责人审批通过后,便利店主管部室以书面形式通知各便利店统一执行。

(6)便利店主管部室负责每月对"同城同价"商品进行价格调查,当相关商品价格与北京市行政区内同等规模的便利店商品价格上下浮动超过5%时,便利店 主管部室提出对同城同价商品零售价格进行调整的建议,报部室领导审批通过后,由便利店主管部室以书面形式通知各单位统一执行。

(7)"同城同价"商品应专架陈列,专架区域须悬挂醒目标识进行公示。

### 6.5.8　便利店管理质量记录

(1)交接班记录表(表6.5-1)。

(2)便利店日常工作考核表(表6.5-2)。

(3)服务区情况自检自查表(表6.5-3)。

**表 6.5-1　交接班记录表**

编号:YFWQ-10

日期:　　　年　　月　　日　　　　　　　　　　　　　　　　　　　　　班次:

| | | | | | | |
|---|---|---|---|---|---|---|
| 当班情况 | | | | | | |
| 出勤 | 应到 | 实到 | 病(事)假 | 迟到 | 早退 | 合　格√ |
| | | | | | | 不合格× |
| 检查项目 | 门口地面清洁 | | | | | |
| | 墙壁、墙砖 | | | | | |
| | 门窗、玻璃 | | | | | |
| | 垃圾桶 | | | | | |
| | 标识 | | | | | |
| | 灯光、灯箱 | | | | | |
| | 门帘、窗台 | | | | | |
| | 地面 | | | | | |
| | 柜台、货架 | | | | | |
| | 购物筐 | | | | | |
| | 商品清洁 | | | | | |
| | 冷柜、风幕柜 | | | | | |
| | 机台设备 | | | | | |
| | 空调、灯具 | | | | | |
| | 消防设施 | | | | | |
| 其他 | | | | | | |
| 交班负责人 | | | | 接班负责人 | | |

**表 6.5-2 便利店日常工作考核表**

编号:YFWQ-11

被考核部门: 被考核人姓名:

| 序号 | 考核内容 | | 检查标准 | 考核扣分 | | | | | |
|---|---|---|---|---|---|---|---|---|---|
| | | | | 考核月 | 扣分原因 | 考核月 | 扣分原因 | 考核月 | 扣分原因 |
| 1 | 仪容仪表 | 仪容大方、仪表端庄、衣着整洁、精神饱满 | 没有穿统一的工服,工服不干净整洁,有破损、有污渍,未穿黑色鞋。发现1次扣1分 | | | | | | |
| 2 | | | 没有佩戴公司的工牌,工牌有遮挡、有破损、有污渍。发现1次扣1分 | | | | | | |
| 3 | | | 男员工留胡须,女员工未化淡妆;衣物有异味,指甲长或藏垢,涂抹指甲油。发现1次扣1分 | | | | | | |
| 4 | | | 头发凌乱不洁,女员工未佩戴统一发套,留怪异发型,佩戴饰物。发现1次扣1分 | | | | | | |
| 5 | 日常工作 | 熟练掌握工作业务技能,主动完成职责范围内的工作 | 上岗前没有备好所需用品(备用金、结款单、班报、机打纸、发票等)。发生1次扣1分 | | | | | | |
| 6 | | | 不认真遵守公司、便利店的各项规章制度,不服从管理。发生1次扣5分 | | | | | | |
| 7 | | | 未按规定时间打开背景音乐,声音不适中,随意播放曲目。发生1次扣1分 | | | | | | |
| 8 | | | 未按照财务部发票管理规定要求更换、填写、使用发票,或多开发票。发生1次扣5分 | | | | | | |
| 9 | | | 未做到100%使用文明用语,100%微笑服务,100%唱收唱付。发生1次扣1分 | | | | | | |
| 10 | | | 在填写各项报表、交接记录表时,字迹不清晰、不工整、有涂改。发生1次扣1分 | | | | | | |
| 11 | | | 按时交接班,根据盘点数准确填写销售日报、结款单,并同理货员核对销售小票、班报、结款单3项金额是否相符后,共同签字确认。数据错误,发生1次扣5分 | | | | | | |
| 12 | | | 做好收货工作,拒收伪劣、破损或与采购单不相符的商品。未达标准,发现1次扣1分 | | | | | | |
| 13 | | | 商品码放商标未统一朝外,未保证价签一一对应,未随时将货架所缺商品补齐。发现1次扣2分 | | | | | | |
| 14 | | | 了解各种商品的销售情况,对滞销商品未及时上报。发生1次扣1分 | | | | | | |
| 15 | | | 未按照“先进先出”原则上货。发现1次扣2分 | | | | | | |
| 16 | | | 日销售货款没有全款上交,备用金错误,坐支收入。发生1次扣5分 | | | | | | |

续上表

| 序号 | 考核内容 | | 检查标准 | 考核扣分 | | | | | |
|---|---|---|---|---|---|---|---|---|---|
| | | | | 考核月 | 扣分原因 | 考核月 | 扣分原因 | 考核月 | 扣分原因 |
| 17 | 日常工作 | 熟练掌握工作业务技能,主动完成职责范围内的工作 | 不熟悉、未掌握 POS 机正确使用方法和简易保养方法。发现 1 次扣 2 分 | | | | | | |
| 18 | | | 每件商品必须录入 POS 机,单品单入,并主动给顾客提供购物小票。未达标准,发生 1 次扣 1 分 | | | | | | |
| 19 | | | 不熟悉便利店的各种促销办法、优惠政策,不了解、不掌握店内出售商品的一般知识和价格。发生 1 次扣 1 分 | | | | | | |
| 20 | | | 送款时未按规定双人同行,现金裸露。发现 1 次扣 2 分 | | | | | | |
| 21 | | | 未按时做好顾客满意率调查,或虚假填报。每张次扣 1 分 | | | | | | |
| 22 | | | 未进行每日安全检查工作(灭火器、用电设备、保险柜等)。发现 1 次扣 2 分 | | | | | | |
| 23 | | | 当班情况未及时向班长反映。发生 1 次扣 2 分 | | | | | | |
| 24 | | | 银行存款单填写错误,银行返单发现假币。发生 1 次扣 2 分 | | | | | | |
| 25 | 工作态度 | 工作积极主动,服务态度热情 | 服务态度生硬,没有目视顾客,结账后未将小票和找零双手递给顾客。发生 1 次扣 1 分 | | | | | | |
| 26 | | | 对待顾客咨询问题,未能耐心解答,未达到 100% 答复率。发生 1 次扣 1 分 | | | | | | |
| 27 | | | 不参加各种会议、培训,也未进行事后学习。发生 1 次扣 1 分 | | | | | | |
| 28 | | | 与同事关系相处不融洽,发生争执、打骂事件。发生 1 次扣 2 分 | | | | | | |
| 29 | | | 扎堆聊天,串岗,无故脱岗,工作时间内进行看书、玩手机、吃东西等与工作无关的事情。发生 1 次扣 2 分 | | | | | | |
| 30 | 环境卫生 | 保证工作环境干净卫生、整洁,遵守公司宿舍管理规定 | 营业场所内放置私人物品。发现 1 次扣 1 分 | | | | | | |
| 31 | | | 未保持宿舍卫生,未遵守宿舍各项规定。发生 1 次扣 1 分 | | | | | | |
| 32 | | | 不能保持所管区域的卫生清洁,有灰尘、有污渍、有垃圾。发生 1 次扣 1 分 | | | | | | |
| 扣分合计 | | | | | | | | | |
| 考核小组签字 | | | 被检查人签字 | | | | | | |

**表 6.5-3　服务情况自检自查表**

编号:YFWQ-12

检查单位:　　　　　　　　　　　　　　　　　　　　　　　　　　　检查日期:

| |
|---|
| 商品品质情况: |
| 员工仪容仪表情况: |
| 文明用语使用情况: |
| 服务规范情况: |
| 环境卫生情况: |
| 投诉记录情况: |
| 安全设施情况: |
| 其他: |
| 处理意见: |

检查人:

## 6.6　餐饮管理办法

### 6.6.1　餐饮卫生管理办法

1)后厨操作间卫生管理办法

(1)所有后厨工作人员必须严格执行《中华人民共和国食品卫生法》,注意环境清洁,按规程操作。

(2)所有操作人员须着工服、帽子、鞋进入操作间,加工前洗手消毒。

(3)当日工作结束后,将所有的工具、器具、工作台、箱子、水池等进行清洗消毒,将地面刷洗干净。

2)冷菜间卫生管理办法

(1)冷菜间内设有专用工具清洗消毒、空气消毒、洗手消毒、独立冷藏设施,确保冷菜间内的温度不高于25℃。

(2)操作人员进入冷菜间前更换整洁的工作衣帽,并将手清洗、消毒,工作时戴口罩。

(3)加工前认真检查待配制的成品凉菜,不加工腐败变质或感官性状异常的食品。

(4)供加工冷菜用的蔬菜、水果等食品原料,未经清洗不得带入冷菜间。

(5)不在冷菜间内从事与冷菜加工无关的活动。

(6)加工冷菜之前须对操作台进行消毒,工作用具做到刀不锈、菜墩不霉。

(7)加工冷菜的工具和容器,用前必须进行消毒,用后洗净并保持清洁。

(8)盛放食物的器皿保持干净,荤素分开。

(9)放入冰箱、冰柜的食品经加工、清洗干净后方可放入。

(10)工作结束后,将所有工具、用具、台面及操作间内的卫生清理干净。

3)面点间卫生管理办法

(1)操作人员进入面点间前须更换整洁的工作衣帽,并将手清洗、消毒。

(2)加工前认真检查各种食品原辅料,不加工腐败变质或感官性状异常的食品。

(3)面点间内设有专用空气消毒、洗手消毒、冷藏设施。

(4)未用完的点心馅料、半成品点心,应在冷柜里限期存放。

4)粗加工食品卫生管理办法

(1)加工食品前认真检查待加工食品,不加工腐败变质或其他感官性状异常的食品。

(2)蔬菜类、畜禽肉类和水产品类应分池清洗,禽蛋在使用前应将外壳洗净,必要时进行消毒。

(3)易腐败食品加工后应及时使用或冷藏。

(4)食品按照原料、半成品、成品等分类存放。

(5)已盛装食品的容器不得直接接触地面,生熟食品的加工工具和容器分开使用。

5)营业厅卫生管理办法

(1)餐厅内地面清洁,无垃圾、杂物、痰迹、污渍,桌椅和餐具干净、卫生、整洁。顶棚四壁、门窗无灰尘、蛛网。

(2)店貌整洁,柜台、门窗明亮,室内采光、通风设施良好,空气清新,无异味,无蚊蝇,温度适宜。

(3)保持桌、椅无油渍,摆放整齐。

(4)在保证不影响顾客就餐的前提下,随时清理地面卫生。

(5)保持餐厅墙面的清洁卫生,不随意张贴广告宣传物品。

(6)顾客用餐后,服务人员及时对餐桌及地面进行清理和清扫。

### 6.6.2 餐饮安全管理办法

1)煤气间安全管理办法

(1)煤气间的选址应符合相关安全管理规定,配备符合要求的消防器材及安全设施。

(2)煤气间应设专门的安全员，负责煤气间的安全管理工作，并介绍相关的安全培训，每年定期进行消防演练。

(3)配备警示标志，出入严格管理，安全重点区域闲人免进。

(4)煤气间要注意定时通风，保持空气流通。

(5)煤气间的阀门、管道要定时检查，避免煤气泄漏。

(6)发现煤气泄漏，立即停止作业。首先要开门通风，关闭总阀门，要用肥皂水之类的物品进行检查，切忌用明火检查。发现问题及时上报，并通知煤气公司检修。

(7)每天检查煤气报警器的工作状况，发现问题立即上报，并通知相关人员进行维修。

(8)煤气间严格按要求码放物品，禁止堆放杂物。

(9)每日安排专人检查煤气间的安全工作，及时清理物品，确保环境整洁、安全。

(10)一旦煤气灶、管道发生火灾，立即启动安全应急预案，发现人员立即关闭总阀门和灶具，各小组按规定组织灭火、疏散人员。

2)餐饮后厨安全管理办法

(1)建设油烟收集和处理装置设施，将油烟收集处理后全部排入专用烟道，且排放的油烟应符合《饮食业油烟排放标准(试行)》(GB 18483—2001)的规定。

(2)餐厅的排油烟道每年应该制订清洗计划，定期进行清洗，并符合安全管理部门的规定。

(3)清洗排油烟道应该由专业人员进行，清洗过程中应采取作业区隔离、覆盖、清除的污物妥善收集等有效控制措施，防止公共场所厨房排油烟系统内的污染物散布到非清洗工作区域。

### 6.6.3　餐饮设备设施管理办法

(1)厨房用具及机械设备的使用管理实行责任追究制，即谁使用、谁维护清洁，谁主管、谁负有保持机械设备完好与使用正常的责任。

(2)厨房用具的使用应做到轻拿轻放，不允许乱抛乱丢，用后清洁并放回原处。正常损坏的厨具，应及时报修，无法修复的，按照公司相关规定进行处理。

(3)电气、机械设备使用前应先检查电源，确保身、手干燥且有足够的安全操作空间，再合上电闸，运转正常后方可使用，严禁带故障使用。

(4)使用搅拌、轧、切、绞等机械设备时，严禁用手直接与机械做功部位接触，以免发生事故。

(5)严禁超载、超负荷使用电气、机械设备，操作人员使用时要集中思想，注意安全。

(6)设备使用完毕，应先拉下电闸，然后用抹布或刷子擦洗干净，严禁用水直接冲洗或把水溅到电气设备上，以免造成漏电。

(7)电气、机械设备发生故障，应立即断电、停止使用并及时报修。

(8)每年应制订设备维护保养计划，并按期实施。

### 6.6.4　餐饮食品原料管理办法

1)餐饮食品原料采购管理办法

(1)餐厅食品原料采购设专人负责登记采购台账和索证台账。

(2)原则上必须从合格供方名录中的供应商处进行采购。

(3)严格把握好食品质量和价格关,货比三家,对市场价格有所了解;掌握所采购物品的基本知识,严把采购货物的第一道关。

(4)禁止采购有毒、有害、腐烂变质、油脂酸败、霉变、生虫、污秽不洁、混有异物或其他感官性状异常的食品;禁止购买无卫生检疫、不合格的肉类及其制品;禁止购买超过保质期及其他不符合食品标签规定的定型包装食品。

(5)定型包装食品必须索取生产厂家及供货单位的卫生许可证复印件、检验合格证明、票据等文件;索证食品的卫生检验合格证、化验单,如为复印件,应加盖检验单位印章。

(6)向固定销售点采购非定型包装食品时,须向供货方索取卫生许可证复印件、票据等文件;采购非定型食品后必须经过感官验收,有记录。

(7)采购生肉及其制品须向供货方索取动物检疫部门出具的动物检疫合格证。

(8)运输食品的工具应当保持清洁,运输冷冻食品应当有必要的冷冻设备。

(9)食品进库或制作加工前必须由验收员验收、登记签字。

2)餐饮食品原料验收管理办法

(1)餐厅库管员负责对采购来的原材料等进行验收,核对品种、数量,厨师负责检查原材料的规格和质量,逐件核对,逐一过磅,凡不符合要求的物品应予以拒收或退换。

(2)库管人员须查看将取得的原料与采购订单上规定的质量要求是否一致,拒绝验收与采购单上规定不符的原材料。

(3)验收完毕,由厨师和库管员在送货单上共同签字确认。

(4)收货后发现整箱食品原料有短货现象时,应及时与供货单位联系解决。

3)餐饮食品原料采购索证验收管理办法

(1)建立食品、食品原料、食品添加剂和食品相关产品的索证索票、进货查验和采购记录,确保所购原料符合食品安全标准,并便于溯源。不得采购没有相关许可证、营业执照、产品合格证明文件、动物产品检疫合格证明等证明材料的食品、食品添加剂及食品相关产品。

(2)采购食品、食品添加剂及食品相关产品,应当到证照齐全的食品生产经营单位或批发市场采购,并应当索取、留存有供货方盖章(或签字)的购物凭证。购物凭证应当包括供货方名称、产品名称、产品数量、送货或购买日期等内容。长期定点采购的,须由部室与供应商签订包括保证食品安全内容的采购供应合同。

(3)从食品生产单位、批发市场采购的,须查验留存供货商资质证明(许可证、营业执照)和产品检验合格证明(生肉禽类应有检验合格证明);从固定供货商(含个体经营户)采购的,应查验留存供货商的资质证明、每笔供货清单等;从合法超市、农贸市场采购的,须留存购物清单;证明资料为复印件者,宜由供应者盖章或签字确认。以上各种来源的采购,均须索取留存有效购物凭证(发票、收据、进货清单等)。

(4)建立台账(采购记录),按格式如实记录产品名称、规格、数量、生产批号、保质期、供货者名称及联系方式、进货日期等内容,或者保留载有上述信息的进货清单或票据,可不再重新登记台账。

(5)按照产品品种、进货时间先后次序有序整理、保存采购记录及相关资料,记录、票据的保存期限不得少于 2 年。

(6)采购食品时应进行感观检查,不得采购腐败变质、掺杂掺假、霉变生虫、污染不洁、有毒有害、有异味、超过保质期限的食品及原料,以及外观不洁、破损、包装标签不符合要求或不清楚、来源不明、病死或死因不明的畜禽、水产及其制品加工食品。

(7)预包装食品及食品添加剂标签要求应符合《中华人民共和国食品安全法》的相关规定。

### 6.6.5　餐饮食品库房管理办法

(1)食品库房应设专人管理。对采购的食品及原料认真验货,验收合格后方可入库。对有发霉、变质等不符合卫生要求的食品及原料,拒收入库。入库后做好登记。

(2)食品及原料入库后须分类分架存放,离墙、地面 15cm 以上(主粮食物不得靠墙或直接放在地面上)。主食类等不易长时间存放的食品做到勤购、勤卖,避免存放时间过长,降低食品质量。

(3)冰箱或冰柜内生、熟及半成品标示清楚,冷藏、冷冻室装有温度显示装置,冰箱或冰柜保证正常运转。冷藏室应及时除霜,定期消毒。

(4)经常对存放食品及原料进行检查,发现有霉变或包装破损、锈蚀、鼓袋等现象时做到及时处理,禁止不合格食品出库。

(5)保持仓库内通风、干燥和整洁。做好防鼠、防火、防潮等措施,仓库门口设防鼠板,仓库内应设灭鼠设施。仓库内严禁吸烟。

(6)定期对库房进行清扫和消毒。

(7)食品库房内不得存有个人物品、药物、杂物等物品。非仓库管理人员,未经许可不得进入仓库。

(8)库房应当有完善的防投毒设施和防盗安全措施。

### 6.6.6　餐饮消毒管理办法

1)后厨工作人员消毒管理办法

(1)后厨工作人员操作前应当更衣、换鞋,工作服应当保持清洁。

(2)后厨人员工作时必须戴口罩、帽子,清洗消毒双手并戴手套。

(3)后厨人员的洗手程序:在水龙头下先把手弄湿,双手涂上洗涤剂,双手揉搓 20s,然后用自来水彻底冲洗双手,工作服为短袖的应先洗到肘部。最后用清洁纸巾、卷轴式清洁抹手布或干手机弄干双手。

(4)后厨人员手消毒方法:清洁后的双手在消毒剂水溶液中浸泡 20 ~ 30s,或涂擦消毒剂后充分揉搓 20 ~ 30s。

(5)工作过程中不得戴首饰、手表,不得染指甲、留长指甲。

(6)不得进行吸烟、进食等影响产品卫生质量的活动。

2)餐具消毒管理办法

(1)餐具用完后应及时清洗,定位存放,餐具清洗人员应掌握消毒液的配制等食品卫生知识。

(2)餐具清洗消毒应按照刮、冲、消毒、清洗、保洁的操作顺序进行。

(3)消毒处理后的餐具应储存在专用的保洁柜内,并有明显"已消毒"标识。

(4)定期检查消毒设备设施是否处于良好状态,用化学消毒的,应定期测定有效消毒浓度。

(5)已消毒和未消毒的餐具应分开存放,保洁柜内不存放其他物品。

3)凉菜间消毒管理办法

(1)操作人员进入凉菜间前,洗手消毒,并进行二次更衣,戴口罩。

(2)凉菜间刀、菜墩、容器等,每周至少使用比例为1∶200的84消毒液浸泡消毒1次,消毒后用清水冲洗干净。

(3)每日毕餐后,将凉菜间整理清洁干净,使用紫外线消毒灯消毒30min。

4)厨房用具消毒管理办法

(1)炊具(勺、铲、笊篱、擀面杖等)初次使用前,须用蒸汽高温消毒至少30min;使用过程中至少每日用比例1∶200的84消毒液浸泡消毒1次。

(2)操作台、灶台、调料车等每日至少用消毒液擦拭消毒1次。

5)营业厅内消毒管理办法

(1)每日使用比例为1∶200的84消毒液,对桌椅、餐台、收银台、门把手等进行1次擦拭消毒。

(2)抹布、墩布等清洁用具每日使用84消毒液进行消毒。

### 6.6.7 餐饮留样柜管理办法

(1)餐厅供应的食品成品实行留样,并由专人负责。

(2)每餐、每个品种留样量不少于100g,分别盛放于清洗消毒后的密闭专用容器内,在冷藏条件下存放48h以上。

(3)留样食品取样不得被污染,贴好食品标签,待留样食品冷却后,放入0~10℃专用冰箱内,并标明留样时间、餐次,并做好留样记录,包括留样日期、时间、品名、餐次、留样人。

(4)留样食品按期限要求保留,食品样源(餐厅、食堂、摊点等)进餐者如有异常,立即封存,送食品安全检测部门查验。

(5)食品留样冰箱内严禁存放与留样食品无关的物品。

### 6.6.8 餐饮后厨刀具管理办法

(1)厨师使用的各种刀具严格加强管理,严格按要求使用和放置刀具,不用时应将刀具放在固定位置,不准随意拿刀吓唬他人,或用刀具指对他人,收档后应将刀具放在固定位置存放,厨师不准随意把刀带出厨房。

(2)刀具使用后要放回原处,刀具要保持清洁锐利,以免打滑伤人;带刀行走时,刀尖必须向下,用布擦拭时,刀口必须向外。

(3)个人的专用刀具,不用时应放在固定位置保管好,不准随意借给他人使用,严禁随处乱放;叉、刀之类的利器,使用时要谨慎别图快,储存时封好刀口、叉口或将其放在刀架上。

### 6.6.9　餐饮管理质量记录

(1)服务区餐饮卫生检查记录表(表 6.6-1)。

(2)服务区餐饮消毒记录表(表 6.6-2)。

(3)服务区餐饮交接班记录表(表 6.6-3)。

(4)服务区餐饮服务水平考核表(表 6.6-4)。

**表 6.6-1　服务区餐饮卫生检查记录表**

编号:YFWQ-13

日期:　　　年　　月　　日　　　　　　　　　　　　　　检查人:

| 检查区域 | 检 查 项 目 | 检 查 情 况 | 复 查 情 况 | 责　任　人 |
|---|---|---|---|---|
| 吧台 | 商品 | | | |
| | 设备设施 | | | |
| | 地面 | | | |
| | 窗户 | | | |
| | 桌椅 | | | |
| 前厅 | 设备设施 | | | |
| | 洗手池 | | | |
| | 地面 | | | |
| | 门窗 | | | |
| | 桌椅 | | | |
| | 餐炉 | | | |
| | 台布 | | | |
| | 窗台 | | | |
| | 墙壁 | | | |
| 后厨操作间 | 设备设施 | | | |
| | 地面 | | | |
| | 门窗 | | | |
| | 餐具 | | | |
| | 墙壁 | | | |
| | 地沟 | | | |
| 冰柜 | 除冰 | | | |
| | 干净程度 | | | |
| | 生熟是否分开 | | | |
| 后厨生产人员卫生 | 工服卫生 | | | |
| | 个人卫生 | | | |

**表 6.6-2　服务区餐饮消毒记录表**

编号:YFWQ-13

时间:　年　月

| 时间 | 消毒人员 | 消毒项目 | 时间 | 消毒人员 | 消毒项目 | 时间 | 消毒人员 | 消毒项目 |
|---|---|---|---|---|---|---|---|---|
| 时　分 | | | 时　分 | | | 时　分 | | |
| 时　分 | | | 时　分 | | | 时　分 | | |
| 时　分 | | | 时　分 | | | 时　分 | | |
| 时　分 | | | 时　分 | | | 时　分 | | |
| 时　分 | | | 时　分 | | | 时　分 | | |
| 时　分 | | | 时　分 | | | 时　分 | | |
| 时　分 | | | 时　分 | | | 时　分 | | |
| 时　分 | | | 时　分 | | | 时　分 | | |
| 时　分 | | | 时　分 | | | 时　分 | | |
| 时　分 | | | 时　分 | | | 时　分 | | |
| 时　分 | | | 时　分 | | | 时　分 | | |
| 时　分 | | | 时　分 | | | 时　分 | | |
| 时　分 | | | 时　分 | | | 时　分 | | |
| 时　分 | | | 时　分 | | | 时　分 | | |
| 时　分 | | | 时　分 | | | 时　分 | | |
| 时　分 | | | 时　分 | | | 时　分 | | |
| 时　分 | | | 时　分 | | | 时　分 | | |
| 时　分 | | | 时　分 | | | 时　分 | | |
| 时　分 | | | 时　分 | | | 时　分 | | |

**表 6.6-3　服务区餐饮交接班记录表**

编号:YFWQ-14

日期:　年　月　日

| 当班情况 | | | | | | |
|---|---|---|---|---|---|---|
| 出　勤 | 前厅应到 | 后厨应到 | (病)事假 | 迟到 | 早退 | 实到人数 |
| | | | | | | |
| 营业情况 | 早餐 | | 午餐 | | 晚餐 | |
| | 吧台商品 | | 发票 | | | |
| 当班情况 | | | | | | |
| 卫　生 | 前厅 | | 后厨 | | 责任区 | |
| | | | | | | |
| 安　全 | 前厅 | | 后厨(包括煤气间) | | 消防设施 | |
| | | | | | | |
| 设备设施运转情况 | | | | | | |
| 特殊情况记录 | | | | | | |
| 交班负责人 | | | 接班负责人 | | | |

**表 6.6-4　服务区餐饮服务水平考核表**

编号：YFWQ-15

受检单位：　　　　　　　　　　　　　　　　　　　　　　　　　　检查日期：

| 项　目 | 高水平服务 | 扣分标准 | | 扣分 | 扣分原因 |
|---|---|---|---|---|---|
| 品质 | 1. 所有原料食品的采购都将经过严格的质量检验 | 共10分 | 不合格扣5分 | | |
| | 2. 保证各服务区餐品制作的高品质 | | 不合格扣5分 | | |
| 文明服务 | 1. 声音大小适度、目视对方、语言清晰，使用普通话，坚持对客户100%使用文明用语，能使用简单英语为顾客服务，不使用服务忌语 | 共20分 | 1人次不合格扣2分 | | |
| | 2. 熟练掌握业务知识、其他相关知识，能够根据不同情况及时、妥当地处理顾客提出的问题 | | 1人次不合格扣2分 | | |
| | 3. 坚持对100%的顾客进行微笑服务 | | 1人次不合格扣2分 | | |
| | 4. 坚持对客户100%唱收唱付 | | 1人次不合格扣2分 | | |
| | 5. 头发前不及眉、旁不遮耳、后不压领，不留胡须 | | 1人次不合格扣2分 | | |
| | 6. 化妆淡雅、不留怪异发型、头帘不遮眼、统一用发套梳理 | | 1人次不合格扣2分 | | |
| | 7. 岗上不佩戴饰物(戒指、项链、耳环等) | | 1人次不合格扣2分 | | |
| | 8. 按规定着工服和鞋；不得挽袖口、卷裤腿，着装规范，不披衣、敞怀，挽袖，着衬衣时下摆不外露，着裙装工服时裙摆及膝，丝袜不能低于裙摆，不穿破洞丝袜 | | 1人次不合格扣2分 | | |
| | 9. 按规定佩戴胸卡，胸卡佩戴在左侧上衣兜上，胸卡字迹清晰 | | 1人次不合格扣2分 | | |
| 服务规范 | 1. 能按规范铺台布，餐巾摆设协调 | 共25分 | 1项不合格扣2分 | | |
| | 2. 能准确、规范地使用文明礼貌用语，热情、规范地接待顾客，微笑服务。能主动引客入座，并热情服务 | | 1项不合格扣2分 | | |
| | 3. 能主动、耐心地向顾客介绍菜肴、食品，并将顾客所选菜肴、食品清楚准确地填入菜单。能按顾客需求，编配团体餐菜单。掌握零餐接待服务知识 | | 1人次不合格扣2分 | | |
| | 4. 介绍菜名，能准确报出菜品名称，能介绍菜品特点，能介绍特殊菜品的食用方法 | | 1人次不合格扣2分 | | |
| | 5. 理盘，能按卫生要求整理托盘，达到无菌、整洁、美观、安全、方便服务的要求；装盘，能按规范装摆物品，码放整齐、合理，重量分布适宜；端托，托盘能端托到位，端托平稳，能按所托物品选择适宜的步伐 | | 1人次不合格扣2分 | | |
| | 6. 上菜，能采用正确的程序和规则上菜；能准确选择上菜位置，动作规范、准确，指头不触及食物，汤水不外溢；上菜能规范摆放，保证操作安全 | | 1人次不合格扣2分 | | |

续上表

| 项 目 | 高水平服务 | | 扣分标准 | 扣分 | 扣分原因 |
|---|---|---|---|---|---|
| 服务规范 | 7. 顾客就餐过程中,坚持三勤服务,即“嘴勤、手勤、眼勤”,及时提供服务 | 共25分 | 1人次不合格扣2分 | | |
| | 8. 服务员每5~10min巡视服务区域,保持陈列台面清洁,及时补充,要求陈列品菜盘不见底 | | 1人次不合格扣2分 | | |
| | 9. 顾客用餐完毕后,能及时清理餐桌卫生,保证翻台速度,避免顾客长时间等位 | | 1人次不合格扣2分 | | |
| | 10. 服务员应掌握一些国家的饮食风俗习惯和礼仪知识,避免与顾客发生误会 | | 1人次不合格扣2分 | | |
| | 11. 服务员主动帮助、照顾老弱病残孕顾客,服务细致、周到 | | 1人次不合格扣2分 | | |
| 安全 | 1. 按规定配备灭火器,灭火器有效 | | 不合格扣3分 | | |
| | 2. 店员会使用灭火器,会报警,掌握防火、防盗抢预案,能灵活处理突发事件;按规定安装防盗、抢设施 | 共10分 | 1人次不合格扣2分 | | |
| | 3. 严格执行《中华人民共和国食品卫生法》 | | 不合格扣3分 | | |
| 环境 | 1. 店貌整洁,门窗干净,玻璃明亮,货架及地面不染,屋顶、墙壁不得有灰吊;空气流通较好,禁止在室内吸烟 | 共10分 | 1项不合格扣1分 | | |
| | 2. 店员能够整理责任区环境,确保店内干净整齐;货架、柜台等布局合理;及时清理灯具、牌匾及各种装饰品,做到光亮、整洁;保证货架及上架商品卫生干净整洁 | | 1人次不合格扣2分 | | |
| | 3. 商品库房要有防潮、防湿、防虫、防鼠害等措施,保证通风 | | 不合格扣3分 | | |
| 标识、证照 | 1. 所有销售人员必须持健康证上岗 | 共10分 | 1人次不合格扣1分 | | |
| | 2. 营业执照等经营证照齐全有效,按规定摆放在醒目固定位置 | | 1项不合格扣1分 | | |
| | 3. 标识牌、警示牌文字清晰、规范、位置醒目 | | 1项不合格扣1分 | | |
| 延伸服务 | 1. 提供指路、问询等服务,节假日在广场设立销售点 | 共5分 | 不合格扣2分 | | |
| | 2. 提供小药箱、针线包等服务 | | 不合格扣3分 | | |
| 投诉 | 1. 投诉回复率达到100% | 共10分 | 不合格扣5分 | | |
| | 2. 投诉回复满意率达到95% | | 不合格扣3分 | | |
| | 3. 各单位有专人负责管理服务质量监督工作,定期察看意见箱,有问题及时处理 | | 不合格扣2分 | | |

扣分合计:　　　　得分合计:

单位负责人签字:　　　　检查人员签字:

## 6.7　充电站、换电站管理办法

### 6.7.1　充电站、换电站现场管理办法

高速公路充电站以整车直流充电方式，为用户提供 24h 不间断充电服务，充电人员在现场服务应始终穿统一工装、使用礼貌用语，及时为用户完成现场充电服务。

（1）充电人员引导用户将车辆停放到指定地点。

（2）用户停放好车辆后，运维人员插接充电枪，等待充电桩绝缘检测。

（3）充电人员使用虚拟金额射频充电卡，为用户提供现场充电服务，并向用户收取充电服务费用。

（4）车辆完成充电后，须再次识别充电卡，终止充电、进行结算。

（5）结算完成后，充电人员拔出充电枪。

（6）现场充电服务业务要求如下：一是车辆在充电时，应避免造成短路故障，危及人身安全，勿在带电情况下直接插拔充电连接线。二是要求现场运维人员准确填写高速公路日充电情况记录表，每天 16:00 前将工作当日信息报送监控班，监控班负责及时收集汇总等工作。

### 6.7.2　充电桩维修管理办法

充电人员或用户发现设备故障，立即拨打监控班电话报修充电设备缺陷故障。高速公路充电站人员发现设备故障时，应结合现场实际情况做处置，及时将设备引发的故障问题报送到监控班，安抚用户情绪。监控班再协调相关职能部门对高速公路充电站设备进行维修。

（1）厂家完成充电设备维修后，与充电站人员进行联系。

（2）厂家向现场充电站人员汇报完成充电设备维修的情况。

（3）充电站人员对维修设备进行验收，准确填写运行日志表。再将充电设备维修情况向监控班进行汇报。

## 6.8　延伸服务管理办法

### 6.8.1　服务区咨询台管理办法

（1）设有服务台的服务区可提供咨询服务，对外提供雨伞、轮椅、维修箱、针线包、充气泵（待定）、小药箱[小药箱内提供简单的有 OTC（非处方药）标志的外用药，药箱内侧标有 120、999 电话及附近救助医院的联系电话]等延伸服务项目，未设服务台的服务区由经营性场所提供服务。

（2）服务台人员对服务对象要热情、礼貌，使用普通话服务。

(3)遇到年龄较大及行动不方便的服务对象,要主动上前协助。

## 6.8.2 服务区咨询台小药箱管理办法

(1)药品的采购由服务区管理单位实施,在资质齐全、合法的药店采购,并要建立专账,由专人管理。

(2)药品须为简单的非处方药,不宜提供任何可能为顾客带来风险的内服药品,但可酌情提供创可贴、绷带等物理外用医疗用品,且要求有OTC标识,且在保质期内。

(3)药箱盖内侧要求贴有120、999及附近医疗单位的联系电话。

(4)基础配置药品包括纱布、绷带、创可贴、碘酒、药用酒精、棉签、棉球。

(5)及时补充药箱内药品,保证药品充足。

(6)过期药品要及时回收,明确标注后,统一交由垃圾清运部门进行销毁。

## 6.8.3 服务区母婴室管理办法

(1)母婴室提供24h无偿服务,任何组织或者个人不得借任何名义进行收费。

(2)母婴室实行专人负责制,每天有专人负责清洁打扫。

(3)母婴室应做到随脏随扫,保洁人员应加强巡视,及时补充洗手液、擦手纸,确保垃圾不超2/3。

(4)保洁员发现顾客存在涂抹、刻画、张贴广告、随地吐痰、乱扔杂物、损坏公共设备设施等行为,应采用文明礼貌用语及时劝止。

## 6.8.4 服务区公益性项目管理质量记录

(1)服务区公共卫生间灭蚊蝇工作记录表(表6.8-1)。

**表6.8-1 服务区公共卫生间灭蚊蝇工作记录表**

编号:YFWQ-16

单位: 方向:

| 时间 | 区域 | 方式 | 药品名称 | 药品量 | 药品浓度 | 消杀面积 | 操作人员 | 负责人 | 备注 |
|---|---|---|---|---|---|---|---|---|---|
| | | | | | | | | | |
| | | | | | | | | | |
| | | | | | | | | | |
| | | | | | | | | | |
| | | | | | | | | | |

(2)服务区小药箱台账(表 6.8-2)。

**表 6.8-2　服务区小药箱台账**

编号:YFWQ-17

单位:　　　　　　　　　　　　　　　　　　　　　　　　　年　　月

| 序号 | 药品名称 | 数量 | 单位(个/盒/瓶/××) | 药品是否有 OTC 标识(请在相应选项下面划"√") | | 保质期 | 备注 |
|---|---|---|---|---|---|---|---|
| | | | | 是 | 否 | | |
| | | | | | | | |
| | | | | | | | |
| | | | | | | | |
| | | | | | | | |
| | | | | | | | |
| | | | | | | | |
| | | | | | | | |

(3)服务区设备报修单(表 6.8-3)。

**表 6.8-3　服务区设备报修单**

编号:YFWQ-18

| 报修时间 | | 报修部门 | |
|---|---|---|---|
| 报修内容: | | | |

接单人:　　　　　　　　　　　　　　　　　　　　　　　　报修人:

(4)服务区维修统计表(表 6.8-4)。

**表 6.8-4　服务区维修统计表**

编号:YFWQ-19

| 序　号 | 报修时间 | 修复时间 | 维修内容 | 维修情况 | 维修人 |
|---|---|---|---|---|---|
| | | | | | |
| | | | | | |
| | | | | | |
| | | | | | |
| | | | | | |
| | | | | | |
| | | | | | |
| | | | | | |
| | | | | | |

(5)服务区保安交接记录(表6.8-5)。

**表6.8-5 服务区保安交接班记录**

编号:YFWQ-20

地点: 年 月 日

| 上岗人 | | 接岗人 | |
|---|---|---|---|
| 上岗时间 | 时 分至 时 分 | | |
| 上岗情况 | | | |
| | | | |

(6)服务区二次供水设备日常运营记录表(表6.8-6)。

**表6.8-6 服务区二次供水设备日常运营记录表**

编号:YFWQ-21

单位: 月份:

| 日期 | 设备名称 | | | | | | | 异常原因及整改情况 | 巡查人员 |
|---|---|---|---|---|---|---|---|---|---|
| | 水井 | 过滤罐 | 储水罐 | 水泵 | 气压罐 | 电控系统 | 供水管道 | | |
| 1 | | | | | | | | | |
| 2 | | | | | | | | | |
| 3 | | | | | | | | | |
| 4 | | | | | | | | | |
| 5 | | | | | | | | | |
| 6 | | | | | | | | | |
| 7 | | | | | | | | | |
| 8 | | | | | | | | | |
| 9 | | | | | | | | | |
| 10 | | | | | | | | | |
| … | | | | | | | | | |
| 29 | | | | | | | | | |
| 30 | | | | | | | | | |
| 31 | | | | | | | | | |

说明:正常项请在对应格内划“√”,异常项请在对应格内划“×”,并在“异常原因及整改情况”一项内对异常进行描述,注明整改时间及方式。如有特殊情况,另后附材料进行说明。

(7)服务区二次供水设备清洗消毒记录表(表6.8-7)。

**表 6.8-7　服务区二次供水设备清洗消毒记录表**

编号：YFWQ-22

| 清洗时间 | 年　月　日　时　分至　年　月　日　时　分 | 清洗人员 | |
|---|---|---|---|
| 清洗情况： | | | |
| 验收时间 | 年　月　日　时　分 | 验收人员 | |
| 验收情况： | | | |

(8)服务区垃圾清运考核记录表(表 6.8-8)。

**表 6.8-8　服务区垃圾清运考核记录表**

编号：YFWQ-23

服务区：　　　　　　　　清运公司：　　　　　　　　年　　月

| 时间 | 清运次数 | 清运桶数 | 清运是否延误 | 是否遗撒 | 清运是否有死角 | 清运人签字 | 服务区考核签字 | 备　注 |
|---|---|---|---|---|---|---|---|---|
| | | | | | | | | |
| | | | | | | | | |
| | | | | | | | | |
| | | | | | | | | |
| | | | | | | | | |
| | | | | | | | | |
| | | | | | | | | |
| | | | | | | | | |
| | | | | | | | | |
| | | | | | | | | |
| | | | | | | | | |
| | | | | | | | | |
| | | | | | | | | |
| | | | | | | | | |
| | | | | | | | | |
| | | | | | | | | |

服务区负责人：　　　　　　　　清运公司确认：　　　　　　　　服务区管理员：

(9)服务区污水处理设备日常运营记录表(表 6.8-9)。

(10)服务区公共场区设施巡检记录表(表 6.8-10)。

**表 6.8-9　服务区污水处理设备日常运营记录表**

编号:YFWQ-24

单位:　　　　　　　　　　　　　　　　　　　　　　　　　　年　　月

| 项目<br>日期 | 调节池 | 处理池 | 清水池 | | 设　备　间 | | | | | | | | | | | | 异常原因 | 整改情况 | 巡视人 |
|---|---|---|---|---|---|---|---|---|---|---|---|---|---|---|---|---|---|---|---|
| | 液位 | 搅拌器 | 水质（感官） | 液位 | 鼓风机 | 控制柜 | 产水泵 | 碳源加药系统（醋酸钠） | 碱度加药系统（碳酸氢钠） | 消毒加药系统（次氯酸钠） | 除磷加药系统（聚合氯化铝） | 紫外线消毒器 | 空调 | 照明 | 清洁情况 | 其他设施 | | | |
| 1 | | | | | | | | | | | | | | | | | | | |
| 2 | | | | | | | | | | | | | | | | | | | |
| 3 | | | | | | | | | | | | | | | | | | | |
| 4 | | | | | | | | | | | | | | | | | | | |
| 5 | | | | | | | | | | | | | | | | | | | |
| … | | | | | | | | | | | | | | | | | | | |
| 29 | | | | | | | | | | | | | | | | | | | |
| 30 | | | | | | | | | | | | | | | | | | | |
| 31 | | | | | | | | | | | | | | | | | | | |
| 备注 | | | | | | | | | | | | | | | | | | | |

负责人:

说明:正常项请在对应格内划“√”,异常项请在对应格内划“×”,并在“异常原因”及“整改情况”两项内对异常进行描述,注明整改时间及方式。如有特殊情况,另后附材料进行说明。

**表6.8-10　服务区公共场区设施巡检记录表**

编号：YFWQ-25

年　　月

单位：

| 日期 | 巡检设施（请在相应选项下面划"√"） | | | | | | | | | | | | | | | | | | | | | 巡检人签字 | 备注（异常情况及处理措施等） |
|---|---|---|---|---|---|---|---|---|---|---|---|---|---|---|---|---|---|---|---|---|---|---|---|
| | 照明设施 | | 雨水设施 | | 排污设施 | | 通信设施 | | 供暖设施 | | 供水设施 | | 供电设施 | | 消防设施 | | 煤气设施 | | 天然气设施 | | 其他设施 | | |
| | | | | | | | | | | | | | | | | | | | | | | | |
| 1 | | | | | | | | | | | | | | | | | | | | | | | |
| 2 | | | | | | | | | | | | | | | | | | | | | | | |
| 3 | | | | | | | | | | | | | | | | | | | | | | | |
| 4 | | | | | | | | | | | | | | | | | | | | | | | |
| 5 | | | | | | | | | | | | | | | | | | | | | | | |
| … | | | | | | | | | | | | | | | | | | | | | | | |
| 27 | | | | | | | | | | | | | | | | | | | | | | | |
| 28 | | | | | | | | | | | | | | | | | | | | | | | |
| 29 | | | | | | | | | | | | | | | | | | | | | | | |
| 30 | | | | | | | | | | | | | | | | | | | | | | | |
| 31 | | | | | | | | | | | | | | | | | | | | | | | |

(11)顾客满意率调查表(表6.8-11)。

**表6.8-11　顾客满意率调查表**

编号:YFWQ-26

亲爱的顾客,您好:

为了向您提供更好、更周到的服务,提升服务区整体服务水平和质量,请您提出宝贵的意见或建议。

调查服务区:

| 项目 | 非常满意 | 满意 | 不满意 |
|---|---|---|---|
| 微笑服务 | | | |
| 仪容仪表 | | | |
| 文明服务用语 | | | |
| 商品质量 | | | |
| 营业区域收银准确率 | | | |
| 餐厅、小吃区饭菜卫生 | | | |
| 环境卫生 | | | |
| 您的意见和建议: | | | |

时间:　　　　　　　　　　　　　　　　　　　　　　顾客姓名:

(12)服务区合作单位管理台账(表6.8-12)。

**表 6.8-12 服务区合作单位管理台账**

编号：YFWQ-27

| 服务区 | 合作单位 | 合同期限 | 序号 | 姓名 | 性别 | 身份证号 | 年龄 | 最近体检日期 | 健康状况 | | 如身体状况异常，请具体说明情况 | 联系电话 | 备注 |
|---|---|---|---|---|---|---|---|---|---|---|---|---|---|
| | | | | | | | | | 良好 | 异常 | | | |
| | | | 1 | | | | | | | | | | |
| | | | 2 | | | | | | | | | | |
| | | | 3 | | | | | | | | | | |
| | | | 4 | | | | | | | | | | |
| | | | 5 | | | | | | | | | | |
| | | | 6 | | | | | | | | | | |
| | | | 7 | | | | | | | | | | |
| | | | 8 | | | | | | | | | | |
| | | | 9 | | | | | | | | | | |
| | | | 10 | | | | | | | | | | |

## 6.9 服务区投诉管理办法

### 6.9.1 投诉受理

根据获取投诉信息渠道不同可分为：

(1)媒体曝光事件。

(2)集团公司转派的 12345 市政府便民热线投诉事件。

(3)集团公司接到的并通过 96011 系统派发的投诉事件。

(4)服务区管理单位监控中心本级接到的投诉事件。

### 6.9.2 投诉受理范围

(1)对服务区工作人员服务态度的投诉。

(2)对服务区工作人员服务质量的投诉。

(3)对服务区环境卫生的投诉。

(4)对服务区商品数、质量的投诉。

(5)对服务区安全及异常事件的投诉。

(6)对服务区设备设施的投诉。

(7)对服务区内其他涉及服务质量方面的投诉。

下列情况不属于本投诉受理范围：

(1)法院、仲裁机构或者有关行政机关已经受理的案件。

(2)由于不可抗力造成服务对象权益受到损害的投诉。

(3)治安和刑事案件投诉。

(4)交通事故投诉。

(5)国家法律、法规已经明确规定由其他机构受理的投诉。

### 6.9.3 处理服务质量投诉应遵循的原则

(1)贯彻执行国家有关服务质量投诉处理的有关法律、法规和规章及公司有关制度。

(2)注意处理问题的方式方法,不使矛盾激化。

(3)接到投诉后10min内联系投诉人员进行情况了解及处理,不得拖沓推诿。

(4)勇于承认错误并及时纠正,坚决维护公司形象。

(5)坚持以事实为依据,在明确分清责任的基础上选择一个双方都能接受的方案解决问题。

(6)坚持工作高效的原则,服务区管理单位接到的投诉、集团公司接到的并通过96011系统派发的投诉事件要求在48h内办结;对于集团公司转派的12345市政府便民热线投诉事件,要严格按照市12345市政务服务便民热线中心制定的群众诉求分级分类标准,根据事件性质、造成损失、危害程度、影响范围,服务区经营管理单位对“接诉即办”工作实施三级响应机制。

①一级响应:对于群体性诉求、突发事故、不稳定因素等可能造成群众生命财产损失的诉求及公共卫生事件相关诉求,2h内反馈处理结果。

②二级响应:对于群众基本生活保障的诉求,24h内反馈处理结果。

③三级响应:对于其他诉求,按照事件轻重缓急,48h内反馈处理结果。

### 6.9.4 投诉处理工作中的注意事项

(1)详细记录投诉事件详情,避免遗漏事项、影响投诉处理。

(2)向投诉人表明态度,感谢其对工作的支持,表示一定会查清事实、严肃处理。

(3)投诉事件处理过程中,被投诉人不得妨碍处理部门对事件的调查处理工作。

(4)对于能够当场处理的问题,应当场处理,重大问题应报上级批准后做出处理。

(5)调查处理情况应及时向上级和有关部门汇报。

(6)事件的处理结果应做好备案、存档。

### 6.9.5 投诉处理方法

(1)投诉人无过错的,由被投诉人赔礼道歉或赔偿损失。

(2)投诉人与被投诉人共同过错的,由双方分别承担相应的责任。

(3)投诉人自身过错的,责任由投诉人自负,但应向顾客做好解释工作。

(4)属于双方误会的,应做好解释工作,消除误会。

(5)属于服务区设施方面问题的,立即做出调整,并向投诉人表示歉意和感谢。

(6)属服务区工作人员责任的,应视情节轻重分别给予批评教育或行政处分。

### 6.9.6 服务区投诉管理质量记录

(1)服务区所有投诉均通过“接诉即办”系统进行记录。

（2）顾客投诉记录表见表 6.9-1。

**表 6.9-1　顾客投诉记录表**

编号：YFWQ-28

NO.：　　　　编号：

| | |
|---|---|
| 客户姓名： | 工单时间： |
| 联系电话： | 单位： |
| 投诉内容：<br><br>记录人：　月　日 | |
| 处理意见：<br><br>处理人：　月　日 | |
| 责任部门调查及处理：<br><br>处理人：　月　日 | |
| 质量审核：<br>界定：<br>验证：<br>处理人：　月　日 | |
| 主管领导签字：<br><br>处理人：　月　日 | |
| 主要领导签批：<br><br>处理人：　月　日 | |

## 6.10　服务区信息工作管理办法

### 6.10.1　编制目的

为规范服务区各项信息处理及信息服务工作，提高信息的及时性及准确性，充分发挥信息作用，为管理及服务工作提供有力支持，制订此办法。

## 6.10.2 相关概念

(1)服务区管理单位内部信息的处理工作:指服务区管理单位各部门通过服务质量监督中心在公司内部进行的信息发布与处理工作。

(2)对外信息工作:指服务区管理单位自行或借助集团公司各种信息平台为外界客户及公司内部经营提供信息播报服务工作。

(3)集团公司下发信息的处理工作:指集团公司下发至服务区管理单位的各项通知及要求的处理工作。

(4)应急处置信息工作:指服务区在进行应急处置工作时采取的信息处理工作。

## 6.10.3 管理内容

(1)信息处理:进行首发集团公司下发信息要求的接收、传达、上报工作及服务区管理单位各部门间信息的传达、收集、上报等工作。

(2)信息发布:遵照首发集团及服务区管理单位相关发布要求,向外界客户发布各类服务信息。

(3)应急处置信息处理:根据国家、北京市、交通运输部、首发集团及服务区管理单位有关突发事件、应急处置、应急预案的法律法规、实施文件进行的应急处置信息处理工作。

## 6.10.4 内部信息发布工作流程

服务区管理单位各部门需要通过公司服务质量监督中心进行公司内部发布与处理,信息在编排后必须经申请部门负责人审批、安保部审批、服务质量监督中心负责人审批通过后方可进行发布与处理,发布后由申请发布信息的部室确认发布效果,服务质量监督中心将“信息发布申请表(对内)”存档。

## 6.10.5 对外信息发布工作流程

(1)面向外界客户所展示发布的各项信息由相关部门编排后,必须经过本部门负责人审批、本部门主管领导审批、安保部审批后提交服务质量监督中心,服务质量监督中心负责人审核通过后方可进行发布。须借助集团公司发布媒介发布的信息,在以上审核项通过后由服务质量监督中心向集团信息中心相关部门提交申请,待审批通过后进行发布,发布后由申请发布信息的部室确认发布效果,服务质量监督中心将“信息发布申请表(对外)”存档。

(2)对外信息发布类别:

①路况、施工类:路况提示、施工改造等信息。

②气象类:公众气象预报、灾害性天气警报及天气实况播报。

③宣传及公告类:服务区优惠活动及其他活动宣传等信息。

④特殊信息类:重要公告、紧急突发事件通知等信息。

(3)对外信息发布媒介:

①服务区内发布系统:服务区户外 LED(发光二极管)屏。

②集团公司路网内发布系统：龙门架、信息屏。

③新媒体平台：集团公司网络平台、“乐行高速 App（应用程序）”等。

（4）服务区户外 LED 屏发布技术要求：

①编辑信息内容要求：字体为宋体，横向排列，单行文字分散居中，颜色按信息性质而定，循环显示间隔根据实际发布信息内容长度确定间隔秒数。

②发布屏信息显示内容应清晰、稳定、准确、精练、易读性强，显示的版面应美观大方，如果一条信息需要分行显示，应注意将该条信息按语意、字段合理分割。

③为显示效果美观，确保每块发布屏信息显示完整、美观且字体保持一致。

④信息发布、撤销、更新应遵循及时、准确的原则。

⑤为便于驾乘人员辨认，提高视觉效果，红色是交通控制类信息，黄色是警示提示类信息，绿色是公共类信息。

⑥特殊情况下，重要信息可在发布屏上单独显示或延长显示时间。

⑦发布信息颜色、字号具体要求如下：

欢迎语：字号不大于 48 号，颜色为绿色。

时间日期：字号不大于 40 号，颜色为绿色。

天气预报：字号不大于 40 号，颜色为绿色。

路况信息：字号不大于 36 号，颜色为红色。

出行提示：字号不大于 36 号，颜色为黄色。

服务区优惠活动信息：字号不大于 36 号，颜色为绿色。

（5）集团公司路网内发布系统及新媒体平台发布技术要求：

根据集团相关设备及新媒体平台发布技术要求进行发布。

（6）对外信息的编排与审批规定：

①路况、施工类：由服务区管理单位服务质量监督中心通过 96011 座席系统公告、集团网络平台及集团信息中心通知信息进行收集、编排，经服务区管理单位服务质量监督中心负责人审批后发布。

②气象类：由服务区管理单位服务质量监督中心通过 96011 座席系统公告、集团网络平台及集团信息中心通知信息进行收集、编排，信息发布操作人员审核内容无误后发布。

③宣传类：服务区优惠活动信息由信息发布申请部门收集、编排，部门主管领导审批通过后，经安全保卫部进行审批，服务质量监督中心负责人审核后发布。

④其他活动类信息：由活动负责部门收集、编排，部门主管领导审批通过后，经安全保卫部审批、服务质量监督中心负责人审核后发布。

⑤特殊信息类：重要公告、紧急突发事件通知由相关部门负责编排，部门主管领导审批通过后，经安全保卫部进行审批、服务质量监督中心负责人审核后发布。

⑥首发集团通知要求发布的信息：由服务区管理单位服务质量监督中心接收后按集团要求进行编排，信息发布操作人员审核内容无误，由服务质量监督中心负责人审批后发布。

### 6.10.6　集团公司下发信息的处置工作管理办法

集团公司下发信息的处理工作须本着“及时接收、及时传达、按时上报”的原则进行处理。服务区管理单位服务质量监督中心作为信息枢纽,须确保信息转达、上报的及时性与准确性,各部室作为信息接收的终端,须及时按要求完成对各项信息的响应。

## 6.10.7 应急处置信息工作管理办法

应急处置信息工作应本着"及时上报、准确描述、实时关注、及时撤销"的原则进行。发生应急处置事件后,所在服务区应立即通知服务质量监督中心值班人员及监督中心主任,收到突发事件报告后,口头报告最迟不晚于接报后5min内上报监督中心主任及安保部,书面报告不晚于接报后30min,详细信息报告不晚于事件发生后1.5h内以工单形式报告集团信息中心,在事件结束后将工单确认完成、导出、存档,并将"突发事件信息处置表"填写完成后存档。

服务区应与服务质量监督中心时刻保持信息联动,确保各项信息及时传达与上报。服务质量监督中心应切实发挥集团公司与服务区管理单位之间、应急处置各部门之间的枢纽作用。

## 6.10.8 服务区信息管理质量记录。

(1)信息发布申请表(对内)(表6.10-1)。

**表6.10-1 信息发布申请表**(对内)

编号:YFWQ-29

申请时间: 编号:

| 申请部门 | | 申请人 | |
|---|---|---|---|
| 申请原因 | | | |
| 申请发布信息内容 | | | |
| 信息发布起止时间 | | | |
| 申请部门负责人意见:<br>签字: 日期: | | | |
| 综合办公室意见:<br>签字: 日期: | | | |
| 监控中心负责人审核:<br>签字: 日期: | | | |
| 信息发布时间<br>发布人员签字: | | | |
| 申请部室确认:<br>签字: 日期: | | | |

（2）信息发布申请表（对外）（表 6.10-2）。

**表 6.10-2　信息发布申请表（对外）**

编号：YFWQ-30
编号：

<table>
<tr><td>申请部门</td><td></td><td>申请发送时段</td><td colspan="2"></td></tr>
<tr><td>申请人</td><td></td><td>申请日期</td><td colspan="2"></td></tr>
<tr><td>发布平台</td><td colspan="4">□公司 LED 屏　　□ 乐行高速 App　　□首都高速微信　　□集团路网内情报板</td></tr>
<tr><td>信息来源</td><td colspan="4">申请部门编写</td></tr>
<tr><td>申请发布内容</td><td colspan="4"></td></tr>
<tr><td colspan="5">申请部门负责人意见：<br><br>签字：　　　　日期：</td></tr>
<tr><td colspan="5">申请部门主管领导意见：<br><br>签字：　　　　日期：</td></tr>
<tr><td colspan="5">综办主任审批意见：<br><br>签字：　　　　日期：</td></tr>
<tr><td>是否需要向集团申请</td><td>□是　　□否</td><td>上报途径及时间</td><td colspan="2"></td></tr>
<tr><td>文稿编辑</td><td></td><td>中心负责人审核签字</td><td colspan="2"></td></tr>
<tr><td>发布时间</td><td colspan="4"></td></tr>
</table>

（3）突发事件信息处置表（表 6.10-3）。

**表 6.10-3　突发事件信息处置表**

编号：YFWQ-31

<table>
<tr><td>时间：</td><td>地点：</td></tr>
<tr><td colspan="2">报送单位及人员：</td></tr>
<tr><td colspan="2">信息接收人员：</td></tr>
<tr><td colspan="2">事件描述：</td></tr>
<tr><td colspan="2">采取措施：</td></tr>
<tr><td colspan="2">处置结果：</td></tr>
</table>

# 第7章 服务区管理单位应急方案

## 7.1 火灾应急方案

### 7.1.1 事故风险分析

1)事故原因

(1)员工宿舍、办公区、承租商户违规使用明火、违规使用大功率电器、电路老化、过载等引发火灾。

(2)员工宿舍违规吸烟、大量存放可燃物或违规存放易燃物。

(3)施工区域违规动火,未采取有效的防护措施。

(4)供电线路老化、破损、过载过热,巡检不到位。

(5)社会人员在服务区区域人为纵火。

(6)其他原因造成的火灾。

2)事故危害

(1)造成人员灼烧伤亡、中毒、窒息伤亡以及财产损失。

(2)被焚烧的建筑物垮塌、压埋人员的伤亡。

(3)应急逃生或疏散过程中因慌乱造成的踩踏伤亡或高处跌(跳)落伤亡。

(4)环境污染以及其他次生衍生事故等。

### 7.1.2 应急工作职责

1)火灾事故现场处置小组

(1)组长:服务区办公室负责人。

(2)组员:服务区安全管理员、其他管理人员、各承租方现场负责人、当班工作人员。

2)组长职责

(1)接到报告后,立即赶往现场指挥事故处置。

(2)对事故现场处置全流程的控制,包括事中应急处置、事后原因分析、形成事故报告,以及组织采取改善措施预防事故的发生。

(3)立即拨打119报警电话,同时通知当班维修人员、电工等人员赶往火灾现场,并将火灾情况上报公司安全保卫部。

3）组员职责

（1）接到事故报告后，询问事故发生地点、原因、火势等情况，并根据火灾发生地点周围情况做出初步判断。

（2）组织人员携带灭火器、水桶等灭火设备设施赶往火灾现场。

（3）按照组长的应急指令，有序采取灭火措施。

### 7.1.3　应急处置

1）事故应急处置程序

火灾的发生一般会出现烟、味、光等现象，任何人在服务区范围内发现火情后，都应迅速做到以下事项：

（1）发现火源、冒烟或明火后，迅速判明起火性质（电器、油火、物品）、火势情况。

（2）可凭个人能力用灭火器扑灭的可燃固体、液体初期火灾，发现人员立即报告服务区安全管理员，同时迅速利用附近的灭火器材灭火，阻止火势蔓延。

（3）发生电气火灾的，安全管理员立即打电话通知电工，要求电工立即切断电闸。

（4）火灾现场处置小组组长赶到现场，组织现场救援和人员疏散。

（5）火情势态不受控时，及时撤离，拨打 119 火警电话，报告火情时应当说清火情具体位置、起火物、火势情况和报警人姓名及电话。

（6）派人引导消防车辆进入现场，配合消防队伍进行火灾扑救。

（7）拨打公司应急值班室电话，报告火灾情况，由公司应急领导小组决定是否启动公司火灾专项应急预案。

（8）现场应急处置结束，火灾得到控制后，编制火灾事故报告，书面上报公司安全保卫部和服务区主管部室。

2）现场应急处置措施

（1）当火灾发生时要沉着冷静，采用适当的方法组织灭火、疏散行动。

（2）根据起火位置及起火原因，选择合理灭火方案灭火。

①固体火灾可采用扑打、用消防沙掩盖、用水浇等方法。

②电气火灾，首先切断电源，然后用二氧化碳、四氯化碳、1211 灭火器或干粉灭火器救火。

③动植物油脂火灾，用锅盖盖住灭火。

④对于能立即扑灭的火灾，要抓住时机，迅速消灭。对于不能立即扑灭的火灾，要采取“先控制，后消灭”的原则，先控制火势的蔓延，再开展全面扑救，一举消灭。

⑤火场如有人员受到围困，要坚持“先救人，后救火”的原则，全盘考虑，引导人员疏散到安全地点。

⑥火灾扑救要服从组长的指挥，分工明确，密切配合，当消防人员赶到后，应将火场现场情况报告消防人员，并服从消防人员统一指挥，配合消防队实施灭火、疏散工作。

⑦火灾扑救完毕，要积极协助消防主管部门调查火灾原因，处理火灾事故。

### 7.1.4 注意事项

(1)扑灭室内火灾时,首先需要找块湿毛巾或者布捂紧自己鼻孔,露天火灾站在上风向灭火,防止救援过程中吸入大量烟气中毒或窒息。

(2)不能在室内浓烟弥漫时直立行走。大火伴着浓烟腾起后,应在室内地上爬行,避免呛烟和中毒。

(3)火灾事故救援前应分析起火原因,根据火灾类型选取合理灭火器及灭火措施进行初期火情灭火。

(4)清楚建筑物内安全疏散逃生路线。

(5)火苗一旦燃烧起来,火势无法控制,所有人员须立即撤离着火区域。

(6)应急处理中应加强对重要建筑、主设备、精密及贵重仪器、文件档案的保护,做好对火灾现场易燃易爆物品的防护和隔离清除,对便于疏散的物资设备,应首先疏散至安全地带。

(7)电气火灾不得用水或其他导电液体喷浇。

## 7.2 触电事故现场处置方案

### 7.2.1 事故风险分析

1)安全风险

(1)电气设备没有接地或接零保护。

(2)电气设备内部故障。

(3)电源线接头裸露。

(4)电源线老化、破损,未及时更换。

(5)无绝缘用具或绝缘用具未检测。

(6)作业人员违规操作,操作人员防护用品不齐全,电工作业无监护人,违规带电作业,违章操作电气设备等。

2)事故危害

(1)触电人员造成人身伤害。

(2)电气设备损坏造成经济损失。

### 7.2.2 应急工作职责

1)触电事故现场处置小组

(1)组长:服务区办公室负责人。

(2)组员:服务区安全管理员、其他管理人员、维修班组、各承租方负责人。

2)组长职责

(1)接到报告后,立即赶往现场指挥事故处置。

（2）对事故现场处置全流程的控制，包括事中应急处置、事后原因分析、形成事故报告，以及组织采取改善措施预防事故的发生。

（3）立即拨打 120 报警电话，同时通知维修班电工等人员赶往事故现场，并将事故情况上报公司应急值班室。

3）组员职责

（1）当班电工人员紧急切断现场引发触电的设备、电缆、配电柜等电源。

（2）采取临时警示措施，如悬挂警示标志、告诫作业人员禁止靠近。

（3）对触电人员进行先期抢救。

（4）拉设警戒线进行现场警戒，疏散无关人员离开现场，维护现场秩序，引导医疗救护队伍入场。

（5）组织电工人员进行检查，做好漏电设备、电缆、配电柜等线路的检查工作。

### 7.2.3　应急处置

1）事故应急处置程序

（1）工作人员发现有人触电时，应立即采取措施使触电人员脱离电源。

（2）发现者立即向服务区安全管理员报告，说明事故情况，服务区安全管理员立即到达现场，如触电人员失去知觉，立即上报服务区办公室负责人。

（3）服务区办公室负责人接到报告后，迅速组织应急处置小组赶到事故现场，组织相关人员进行应急处置。

（4）应急处置小组到达现场，将触电人员转移至安全地点，就地抢救伤者。

（5）现场拉设警戒线，疏散无关人员，维护现场秩序，引导医疗救护队伍入场。

（6）事故现场拍照取证，为事故调查提供证据。

（7）现场处置结束后，服务区办公室负责人书面上报公司主管部门和安全保卫部。

2）现场应急处置措施

（1）当发现人员触电后，可能由于痉挛或失去知觉等原因而紧抓带电体，不能自行摆脱电源，现场其他工作人员选择适合的方法使触电者尽快脱离电源。

（2）使触电者脱离电源的方法。

①高压触电脱离方法。触电者触及高压带电设备，救护人员应迅速切断使触电者带电的开关、刀闸或其他断路设备，或用适合该电压等级的绝缘工具（绝缘手套、穿绝缘鞋、使用绝缘棒）等方法，将触电者与带电设备脱离。触电者未脱离高压电源前，现场救护人员不得直接用手触及伤员。救护人员在抢救过程中应注意保持自身与周围带电部分必要的安全距离，保证自己免受电击。

②低压触电脱离方法。低压设备触电，救护人员应设法迅速切断电源。如果开关或按钮距离触电地点很近，应迅速拉开开关，切断电源，并应准备充足照明，以便进行抢救。如果开关距离触电地点很远，可用绝缘手钳或用干燥木柄的斧、刀、铁锹等绝缘材料解脱触电者或把电线切断。也可抓住触电者干燥而不贴身的衣服，将其拖开，切记要避免碰到金属物体和触电者的裸露身体。也可用绝缘手套或将手用干燥衣物等包起绝缘后解脱触

电者,救护人员也可站在绝缘垫板或干木板上,对自身采取绝缘措施进行救护。

③为使触电者脱离导电体,最好用一只手进行。

④如果人在较高处触电,解脱电源后可能造成高处坠落而再次伤害时,要迅速采取地面拉网、垫软物等预防措施,防止切断电源后触电人从高处摔下。

⑤落地带电导线触电脱离方法:触电者触及断落在地的带电高压导线,在未明确线路是否有电时,救护人员在做好安全措施(如穿好绝缘鞋、带好绝缘手套)后,可用干燥的木棒、木板、竹竿或其他带有绝缘柄的工具,迅速将电线挑开。救护人员应疏散现场人员在以导线落地点为圆心、以8m为半径的范围以外,以防跨步电压伤人。

(3)触电抢救方法。

①触电伤者如神志清醒,应使其就地迎面平躺,严密观察,暂时不要使其站立或走动。

②触电伤员如神志不清,应就地仰面平躺,且确保气道畅通,并用5s左右时间呼叫伤员或轻拍其肩部,以判断伤员是否丧失意识,禁止摇动伤员头部呼叫伤员。

③触电后又摔伤的伤员,应就地仰面平躺,保持记住在伸直状态,不得弯曲,如需要搬运,应用应木板保持仰面平躺,使伤员身体处于平直状态,避免脊柱受伤。

④触电伤员如意识丧失,应在10s内用看、听、试的方法,判断伤员呼吸、心跳情况。

看——看伤员的胸部、腹部有无起伏动作。

听——用耳贴近伤员的口鼻处,听有无呼气声音。

试——试测口鼻有无呼气的气流,再用两手指轻试一侧喉结旁凹陷处的颈动脉有无搏动。

若看、听、试结果显示既无呼吸又无颈动脉搏动,则可判定为呼吸、心跳停止。

(4)触电伤员的呼吸和心跳均已停止时,应立即按心肺复苏法进行抢救。心肺复苏法三项基本措施:通畅气道,口对口(鼻)人工呼吸,胸外按压(人工循环)。

(5)心肺复苏应在现场就地坚持进行,不要为了方便随意移动伤员,如确实需要移动,抢救中断时间不应超过30s。

(6)移动伤员或将伤员送往医院时,应使伤员平躺在担架上,并在其背部垫以平硬阔木板,在移动或送医院过程中应继续抢救,心跳呼吸停止者要继续采用心肺复苏法抢救。

(7)伤员好转后的处理。

①如伤员的心跳和呼吸经抢救后均已恢复,可暂停心肺复苏法操作,但心跳呼吸恢复的早期有可能再次骤停,应严密监护,不要麻痹,要随时准备再次抢救。

②初期恢复后,伤员可能神志不清或精神恍惚、躁动,应设法使伤员保持安静。

③现场没有必要的诊断设备和条件及足够的把握,非医务人员抢救不得随意用药。在医院抢救触电伤者时,由医务人员经医疗仪器设备诊断后,根据诊断结果再决定是否采用。

### 7.2.4 注意事项

(1)佩戴好绝缘鞋、绝缘手套,使用绝缘用具。

(2)未掌握急救技巧不得盲目操作。

（3）禁止在情况不明或无防护的情况下盲目进入配电室，进入配电室必须有监护人，禁止单独行动，确保安全。

（4）险情排除后，应组织人员对电气设备设施进行认真检查，防止遗漏，再次造成事故。

## 7.3　交通事故现场处理方案

### 7.3.1　事故风险分析

1）事故原因

（1）路面情况：冰雪路面、湿滑路面、坑洼路面等原因造成的交通事故。

（2）气候环境：狂风暴雨、严重雾霾等原因造成的交通事故。

（3）设备因素：车辆维护、保养不达要求，修理质量低劣，车辆突发故障等原因造成的交通事故。

（4）行为因素：车辆驾驶员酒后开车、疲劳驾驶、视力欠佳、听力不济、注意力不集中等原因造成的交通事故；服务区过往休息人员穿行道路未注意观察，存在不安全行为等导致交通事故。

（5）操作因素：服务区内车辆超速行驶、违章占道行驶、麻痹驾驶、判断失误等原因造成的交通事故。

（6）其他情况造成交通事故。

2）事故危害

（1）给驾乘人员造成身体伤害。

（2）给家属亲友造成心灵创伤。

（3）造成恶劣社会影响。

### 7.3.2　应急工作职责

1）交通事故现场处置小组

（1）组长：服务区办公室负责人。

（2）组员：服务区安全管理员、其他管理人员、保安人员。

2）组长职责

（1）接到交通事故报告后，立即到达现场，了解和掌握事故现场情况，现场指挥事故处置。

（2）指派现场处置人员报警。

（3）向公司应急值班室汇报，在公司应急领导小组指挥命令到达前，负责指挥和组织服务区现场抢救。

（4）对事故现场处置全流程的控制，包括事中应急处置、事后原因分析、形成事故报告，以及组织采取改善措施预防事故的发生。

3)组员职责

(1)处理轻微交通事故及未造成公共财产损坏的交通事故。

(2)在组长授意下,拨打122交警电话报警,如有人员伤亡,拨打120急救电话。开展事故前期救援,进行伤亡人员抢救工作。

(3)负责拉设警戒线,进行现场警戒,引导疏散无关人员,保护事发现场。

(4)做好事故现场的影像收集工作,现场取证。

### 7.3.3 应急处置

1)未造成人员伤亡和未造成公共财产损失的交通事故处置程序

(1)遇有顾客车辆在服务区范围内发生轻微交通事故时,保安员应第一时间上前了解事故情况,并建议顾客自行协商解决。

(2)如事故地点在服务区出入口或行车通道等车流量较多的区域,保安员应建议事故双方留存影像资料,将车辆引导至停车位或停车场周边车流少的区域,双方自行协商解决,确保服务区车辆通行秩序正常。

(3)如自行协商解决时,双方发生争吵或冲突,保安员应及时上前劝解,避免冲突升级。如顾客不听劝解,保安员应立即上报服务区安全管理员或服务区办公室值班人员。

(4)服务区安全管理员或服务区办公室值班人员接到报告后,应立即到达现场进行协调处理,事态严重时拨打电话报警。

(5)事件处理完毕后,由服务区安全管理员向服务区负责人汇报。

2)造成人员伤亡的严重交通事故或造成公共财产损失的交通事故应急处置程序

(1)遇到顾客车辆在服务区范围内发生造成人员伤亡的严重交通事故或造成公共财产损失时,保安员立即上报服务区安全管理员或服务区值班人员。

(2)服务区安全管理员或服务区值班人员接到报告后,应立即到达现场查看事故初步情况,拨打120急救和122交通事故报警电话,同时上报服务区办公室负责人。

(3)服务区办公室负责人到达现场后,立即组织成立现场处置小组,组织事故救援。

(4)服务区办公室负责人指派小组成员进行现场警戒,拉设警戒线保护现场,疏导无关车辆和人员及时撤离。

(5)现场处置人员可协助交警人员对事故现场进行勘查,拍照取证,留存影像资料。

(6)如事故造成公共财产损失,按照交通事故案件处理程序,确认财产损失,要求责任方进行赔偿。

(7)现场交通事故涉及人员、车辆施救完毕后,清理现场,修复受损设施,恢复正常经营秩序,现场处置人员撤离。

(8)事故处理完毕后,由服务区办公室负责人书面向上级主管汇报事故处理过程及结果。

### 7.3.4 现场应急处置措施

(1)在发生交通事故后,车辆驾驶员及车上人员应当立即停车,保护现场痕迹物证和其他相关证据,同时应按规定报警。

(2)未造成人身伤亡及情节很轻的,当事人对事实及成因无争议的,自行协商处理损害赔偿事宜;不能即行撤离现场的,应当迅速报告交警部门。事故现场按规定放置警示三脚架,人员退到安全地带等待交警解决。

(3)造成人身伤亡的,现场处置人员应当立即抢救受伤人员,并迅速报告交警和急救部门,保护现场,同时应报告公司应急值班室,因抢救受伤人员变动现场的,应当标明位置。

(4)发现事故车辆油箱内油料泄漏时,紧急疏散现场人员,严禁烟火,严禁在漏油区附近使用手机等通信工具,将油箱漏油部位堵漏,用沙石、泥土等覆盖地面油污,同时将随车灭火器准备于现场待用。

(5)发现事故车内的驾乘人员因车辆撞击变形导致挤压在车内无法自由行动的,应立即通知救护部门和消防部门,到场采取破拆救援措施;在相关单位到达现场之前,无爆炸、着火苗头的情况下,现场处置人员不能私自帮助车内人员随意挪动,或拆卸车体零部件,以免因不专业的施救手段造成车内人员伤势的进一步扩大和恶化。

(6)对事故车辆内留置的人员,确定车内人员意识清醒、受伤较轻的,现场处置人员应积极协助车内留置人员撤离事故车辆以外的安全地带;对受伤较重的人员,巡视人员应对其进行言语上的安抚,在专业医护人员到场之前,不得私自挪动受伤人员,并劝其保持固定、舒适、放松的身体姿态,以免造成伤势的恶化。

(7)在医疗救护部门人员到达现场之前,现场人员或先到达事故现场的应急救援工作小组应当按照救护操作规程,在能力范围内对伤情危急的伤员进行止血、包扎等紧急处置。医疗救护部门人员到达现场后,参与抢救的人员应向医疗救护部门人员说明前期紧急情况,并协助医疗救护部门人员抢救受伤人员。

(8)在交警、救护等处理人员到达后,现场处置人员协助执法人员进行事故处理,提供必要的证明和帮助。

### 7.3.5 注意事项

(1)处理交通事故时要保持头脑清醒,要镇定,迅速辨明情况,进行现场处置。

(2)在抢救伤员过程中要做好周围环境的监控工作,防止发生二次交通事故,造成抢救人员的伤亡。

(3)若事件现场有危险化学品泄漏或可能产生爆炸时,应在保证自身安全的前提下,将人员救出后立即撤离到安全地带。

(4)扑救车辆火灾时,人员一定要正确使用灭火器,且灭火人员一定要站在火源上风口。

## 7.4 盗抢事件现场处置方案

### 7.4.1 事件风险分析

1)事故类型

(1)服务区过往休息人员发生被盗被抢事件。

(2)服务区营业商户(如便利店、小吃店、餐厅收银台)发生被盗被抢事件。

2)事故危害

(1)给被抢人员造成身体伤害和经济损失。

(2)给被盗人员造成经济损失。

(3)对服务区整体形象造成恶劣社会影响。

### 7.4.2 应急工作职责

1)盗抢事件现场处置小组

(1)组长:服务区办公室负责人。

(2)组员:服务区安全管理员、其他管理人员、保安人员。

2)组长职责

(1)接到盗抢事件报告后,立即到达现场,在现场条件允许的情况下立即拨打110报警。

(2)对事件现场处置全流程的控制,包括事中应急处置、事后原因分析、形成事件报告,以及组织采取改善措施预防事故的发生。

3)组员职责

(1)在条件允许的情况下,拨打120急救电话。如发生人员伤亡,与歹徒协商,进行受伤人员的抢救送医工作。

(2)条件允许的情况下制服歹徒,歹徒强行突破时可暗中记录歹徒特征,放歹徒先行离开。

(3)现场拉设警戒线,疏散无关人员,保护事发现场,拍照取证。

(4)协助公安人员进行事件调查工作,详细叙述事件发生经过,清点事件损失。

### 7.4.3 应急处置

1)盗窃事件应急处置程序

(1)服务区发生财产、现金被盗的社会治安事件,保安人员接到报案信息后,应立即向服务区安全管理员和服务区办公室负责人报告,初步了解情况后,协助被盗人员迅速向当地公安机关报案。

(2)报案时说明服务区名称、位置,被盗物品名称、数量或金额,被盗时间,设备设施受损情况等。

(3)服务区办公室负责人到达现场,初步了解事件情况,在向公安机关报案后,指派专人进行现场警戒,保护现场,拍摄影像资料取证。

(4)安全机关到达后,服务区协助安全机关人员进行现场取证,清点被盗被抢物品及金额。

(5)修复被损坏的设备设施,恢复营业。

(6)服务区办公室负责人在事件处理完毕后,书面上报公司主管部门及安全保卫部。

2)抢劫事件应急处置程序

(1)服务区内发生抢劫行为,导致人员受到攻击,发生人身伤亡的刑事案件,服务区保安人员应立即拨打 110 或向属地公安机关报警，同时向服务区安全管理员和服务区办公室负责人报告。

(2)服务区办公室负责人到达现场，在确保人身安全的情况下，尽量与歹徒周旋，拖延时间。

(3)如歹徒未离开，尽量说服歹徒允许将受伤人员救出送医，如歹徒强行突破，首先保证人员安全，留意歹徒的外貌特征、触摸过的物品、离开时的方向及交通工具特征。

(4)若歹徒被制服，服务区办公室负责人指派专人保护现场，便于公安机关进行勘查取证。

(5)公安机关取证时，服务区现场处置小组协助进行物品、钱款等物资清点，确认被抢物品数量、金额。

(6)清理现场，修复受损的设备设施，恢复服务区正常运营。

(7)事件现场处置结束后，服务区办公室负责人书面上报公司主管部门和安全保卫部。

3)盗窃事件现场处置措施

(1)当驾乘人员进服务区报称钱物被盗时，值班保安员在问明案情后，应迅速控制车辆，驾乘人员不得随意下车、交谈和接触，对可疑人员应进行隔离控制，然后迅速报服务区安全管理员和当地公安部门。

(2)当停车场小车、货车发生被盗时，保安员应问清被盗现金物品数额，有无可疑作案车辆人员，并保护好现场，控制可疑车辆，对嫌疑人员实行隔离措施，迅速向服务区安全管理员和当地公安部门报告，紧急时速打 110 报案。

(3)当服务区现金物品发生盗窃时，应保护好现场，迅速向服务区安全管理员和值班人员报告，并及时向当地公安部门报案。当被盗现金、物品数额较大时，报告服务区办公室负责人，立刻上报公司应急值班室，并立即封锁服务区，等待公安人员到达进行案件调查和审理。

4)抢劫事件现场处置措施

(1)抢劫事件发生时，当事人员应保持沉着冷静，适时向周围发出求救信号，但应尽可能避免与歹徒发生正面冲突，无法及时发出求救信号时，应在歹徒离开后立即求救和报警。

(2)接到暴力抢劫事件报告，服务区办公室第一时间确定事发地点是否处于安防监控区域，如处于监控覆盖区域，立即将摄像头调向事发地点，录像记录现场情况，并立即向当地公安机关报案。

(3)报警人员要讲清楚抢劫事件的时间、地点、抢劫方式(持刀、持枪)，危险程度，有无人员伤亡，报警人的姓名、联系方式等。

(4)其他现场处置人员赶赴现场，保持镇静，尽量避免与歹徒发生正面冲突，在确保自身安全的情况下，尽量与歹徒周旋，控制事态，视情况合理使用警械，竭力制止犯罪，为公安部门现场抓到歹徒争取时间。

(5)若歹徒逃跑，要尽量记住歹徒的体貌、语言、穿衣打扮等特征，如有犯罪车辆，应记住车牌号、车型、车身颜色等特征,记住歹徒逃跑的方向,便于公安机关追查。同时保护现场,不要触摸现场的任何物品,留下目击证人,等待公安人员到达。

(6)如犯罪分子从高速公路上逃跑时,应立即通知集团公司信息中心和高速公路巡视人员,要求各收费所布控,并与当地派出所联系,一起参加堵截。

(7)现场处置人员保护现场,疏导围观人群,并做好保密工作,避免产生不良影响。

(8)如有人员受伤,尽量周旋或在歹徒离去后拨打120急救电话,并派人到服务区入口引导急救车尽快到达现场。

(9)公安人员到达现场后,现场处置小组协助公安人员维持秩序,禁止闲杂人等靠近现场围观,配合公安人员抓捕犯罪分子。

### 7.4.4 注意事项

(1)服务区任何管理人员、保安员巡视发现可疑车辆及人员时,应立即通知各方收银员提高警惕,将保险柜上锁并打乱密码。

(2)服务区安防监控人员应随时关注监控摄像头,发现可疑人员及车辆应及时报告,提示相关人员提高警惕。

(3)与抢劫歹徒周旋时,应以"生命第一"为原则,如犯罪分子持有刀枪等凶器,可等待公安机关进行抓捕。

## 7.5 群体性食物中毒现场处置方案

### 7.5.1 事故风险分析

(1)食物中毒风险分析:食物中毒是指由于引用被污染的水或在食堂就餐食用了有毒的食品,出现如呕吐、腹泻、高烧甚至昏迷或死亡的事故。食物中毒分为细菌性食物中毒、真菌毒素中毒、动物性食物中毒、植物性食物中毒、化学性食物中毒。细菌性食物中毒是指人们摄入含有细菌或细菌毒素的食品而引起的食物中毒。真菌毒素中毒是指真菌在谷物或其他食品中生长繁殖产生有毒的代谢产物,人和动物食入这种毒性物质发生的中毒。动物性食物中毒是指食入动物性中毒食品引起的食物中毒。植物性食物中毒一般是因为误食有毒植物或有毒的植物种子,或烹调加工方法不当,没有把植物中的有毒物质去掉。最常见的植物性食物中毒为菜豆中毒、毒蘑菇中毒;可引起死亡的有毒蘑菇、马铃薯、曼陀罗、银杏、苦杏仁、桐油等。化学性食物中毒是由于食入化学性中毒食品引起的,化学性食物中毒的特点是发病与进食时间、食用量有关。一般进食后不久发病,常有群体性相同的临床表现。服务区对外餐厅和内部食堂可能因食材变质,清洗、烹饪不当引发细菌性和动植物性食物中毒,中毒类型多为集体性食物中毒。

(2)事故危害:服务区食物中毒事件可能造成中毒人员健康损害,严重时引起社会恐慌,影响服务区管理形象,进而影响服务区经济效益。

### 7.5.2　应急工作职责

1)食物中毒现场处置小组

(1)组长:服务区办公室负责人。

(2)组员:服务区安全管理员、其他管理人员,餐厅管理方及承租方负责人、工作人员。

2)组长职责

(1)接到群体性食物中毒报告后,立即赶往现场指挥事故处置,同时报告公司应急值班室。

(2)负责中毒事故现场处置小组的组织、指挥和调度,对事故现场处置全流程的控制,包括事中应急处置、事后原因分析、形成事故报告,以及组织采取改善措施预防事故的发生。

3)组员职责

(1)接到食物中毒报告,在现场处置小组组长的组织下开展救援。

(2)现场抢救病员,拨打120急救电话请求医疗救援或由处置小组将中毒人员送到就近医院进行救治。

(3)现场警戒,疏散周边无关人员,将食物留样和现场可疑物品封存,以备送检。

(4)配合事故调查组做好对事件的调查。

### 7.5.3　应急处置

1)事故应急处置程序

(1)当发生食物中毒事件时,餐厅现场负责人及工作人员应立即将发生的情况(包括时间、地点、症状、进食人员等)通知服务区安全管理员和服务区办公室负责人。

(2)服务区办公室负责人接到报告后,组织成立现场处置小组,同时报告公司应急值班室。

(3)现场处置小组对中毒病患进行现场催吐,尽快拨打120请求医疗救援,或由处置小组将中毒人员送到就近医院进行救治,同次进食人员也要到医院进行检查,确认健康状况,防止误食人员病情加重或发生人员死亡事故。

(4)现场警戒,疏散周边无关人员,将造成食物中毒事件发生的库存食品、食物留样和餐厅常用有害物品(如灭虫、灭鼠药等)进行封存,送食品卫生监测部门或疾控中心化验。

(5)及时、全面了解掌握食物中毒人员数量、中毒地点和范围,根据食物中毒事故发展的趋势,及时调整救援方案。确保科学、有效、有序施救,将损失减小到最低程度。

(6)发生中毒事件后,餐厅管理人员应自觉查找工作中存在的不足,进行总结与完善,加强管理,杜绝类似事件的再次发生,同时编制书面报告报送安全保卫部。

2)现场应急处置措施

(1)食物中毒事件发生后,现场处置小组应立即进行现场警戒,控制可疑人员,必要时对中毒现场进行隔离和戒严。

(2)在医务人员尚未赶到时,病人意识清楚时,可用压舌板、匙柄、筷子、硬羽毛等刺激咽弓或咽后壁,使病人呕吐。但当病人意识不清、昏迷时,不得使用。

(3)医护人员到达后,或现场处置人员将病患送至医院后,应将病患发病情况向医护人员详细介绍,帮助收治医院在最短时间内明确诊断,及时治疗。

(4)如医疗机构急救车辆不能迅速抵达现场,服务区办公室应当及时调配车辆,尽可能按照就近、相对集中的原则以最短时间送至医院救治。

(5)中毒事件发生后,餐厅工作人员或现场处置人员应当对引起中毒的可疑食品、原料、食物留样立即封存,放入冷藏箱(柜),等待调查人员查验,禁止继续食用和擅自销毁。

(6)现场处置小组要保护好现场,及时收集病患的呕吐物和排泄物,以备检验。食物贮存场所及炊具、餐具、容器等不要清洗,要等到相关部门调查取证完毕后,再对中毒现场进行全面的清洗、消毒,防止中毒事故再次发生。

(7)对于中毒原因清楚或已查清的,根据实际情况尽快恢复食物和饮水的供应。对于中毒原因不明或暂时未查清楚的,应及时向当地有关部门报告,根据情况限制现场恢复程度,采取必要的防范措施。

(8)虽采取措施但食物中毒人员继续增加,或中毒人员病情恶化,立即请求当地卫生行政部门和医疗机构支援。

(9)在卫生部门专业人员达到后,餐厅工作人员和现场处置小组应积极配合专业人员对中毒事件进行调查。

### 7.5.4 注意事项

(1)现场救护人员应具有基本的医疗救护知识,否则不能参与救护。

(2)现场处置人员应做好自身的卫生防护,做到自我保护。

(3)救护完成后应对现场进行消毒处理。

(4)食物中毒现场处置结束后,各级管理人员应充分做好各项工作,使工作秩序和生活秩序趋于正常状态。

(5)服务区办公室应组织餐厅管理方、承租方,抽调人力做好食物中毒患者亲友的接待、安抚工作。

## 7.6 危险化学品泄漏现场处置方案

### 7.6.1 事件风险分析

1)事故类型

(1)运载危化品车辆停车场发生泄漏的事件。

(2)运载危化品车辆与其他车辆发生碰撞或剐蹭造成泄漏的事件。

2)事故危害

(1)危化品泄漏处理不当造成燃烧或爆炸。

(2)附近人员吸入危化品造成中毒。

(3)对服务区周边环境造成影响。

### 7.6.2 应急工作职责

1)危化品泄漏事件现场处置小组

(1)组长:服务区办公室负责人。

(2)组员:服务区安全管理员、其他管理人员、保安人员、停车场管理员。

2)组长职责

(1)接到危化品泄漏事件报告后,立即到达现场,拨打服务区就近消防支队电话报警。

(2)对事件现场处置全流程的控制,包括事中应急处置、事后原因分析、形成事件报告,以及组织采取改善措施预防事故的发生。

3)组员职责

(1)拉设警戒线,设置安全隔离带,组织周边人员疏散与撤离,如发生人员受伤,拨打120急救电话。

(2)详细咨询危化品运输人员所运危化品种类及理化特性,采取相应措施,控制危化品泄漏范围,如条件允许,采取临时封堵措施。

(3)如危化品泄漏引起燃烧,在燃烧初期采用对应的消防器材进行灭火。

(4)保护事发现场,拍照取证。

(5)协助消防人员进行泄漏危化品的处置工作,详细叙述事件发生经过,清点事件损失。

### 7.6.3 应急处置

1)危化品泄漏现场处置程序

(1)运载危化品车辆在服务区发生泄漏,保安员应立即联系车辆驾驶员和押运人员,了解所运输的危险化学品的危险特性和个人防护要求,报告服务区办公室负责人和安全管理员。

(2)服务区办公室负责人和安全管理员接到报告后,在具有防护装备(正压式空气呼吸器、防护服)的情况下,赶到泄漏现场,采取初期处置措施。

(3)服务区办公室负责人视泄漏危化品的危险特性和泄漏量,报告消防、安全生产监督管理、环境保护、公安、卫生、交通运输等有关部门,同时上报公司应急值班室。

(4)服务区办公室负责人指派现场处置小组成员,采取临时措施封闭服务区入口,向入口车辆说明情况,阻止外来车辆入内。同时疏导服务区滞留的无关车辆和人员,尽快通过出口驶离本服务区管理区域。

(5)服务区管理人员如处在危险区域,应暂时撤离至上风或侧上风向的安全地带。

(6)现场处置小组在配备个人防护用品的情况下,协同车辆驾驶员、押运人员,对泄漏危化品采取措施进行隔离和封堵。

(7)现场设置警戒线,防止无关人员和车辆误入泄漏区域。

(8)如泄漏危化品为易燃易爆品,现场处置时尽量避免出现火源,关闭电气设备,包括手机等通信工具,并注意避免摩擦、静电等潜在火源。

(9)现场处置小组在具备防护用品的情况下,协助危化品运输随车人员对泄漏危化品进行收集、吸附或隔离。

(10)如泄漏危化品发生燃烧,车载灭火器材无法扑灭泄漏危化品燃烧时,所有人员撤离危险区域,等待专业机构前来救援。

(11)现场处置或疏散过程中发生人员受伤,进行紧急救治后送医。

(12)事件处置结束后,服务区办公室负责人书面上报公司主管部门和安全保卫部。

2)危化品泄漏现场处置措施

(1)在事故现场划分警戒区、轻危区、重危区,设置警戒线。一般情况下重危区为50m,轻危区为100m,警戒区为200m,对下风方向或当泄漏量比较大时还要扩大警戒区。

(2)人员撤离前如无规范的个人防护用品,可就地取材,采用简易防护措施保护自己。对于已经无法撤出的人员,可将密封性好的房间设置为临时避难间,指导他们紧闭门窗,用湿布将门窗缝塞严,关闭空调等通风设备并熄灭火源,等待时机再作转移。

(3)组织人员撤离危险区域时,应选择合理的撤离路线,避免横穿危险区域,对粘有毒害性物品的人员,要在警戒区出口处实施洗消,进入安全区后再做进一步的检查,造成伤害的要尽快进行救护。

(4)如危化品泄漏量较少,可用容器收集,不能收集的,采用沙土等对泄漏危化品进行吸附处理,尽可能减少残留物质留存土壤或进入排水管道。

(5)如危化品泄漏量较大,可采取临时围堰防止危化品无组织流散。如可实施临时封堵,由随车人员进行临时封堵处理。

(6)为尽量降低危化品泄漏挥发引起人员中毒和火灾发生的概率,应尽量采取措施覆盖泄漏区域和泄漏点,根据泄漏口的大小和形状,尽可能用相应的堵漏材料封堵泄漏点。

(7)为确保事故伤害不扩大化,所有抢险救援人员必须按规定戴好呼吸器、穿好防护服,所使用的工具为防爆工具,在抢险救援时,听从现场处置小组组长的统一领导、指挥,不得独自行动。

(8)事故现场出现人员受伤,由现场处置小组人员按受伤情况进行分类抢救,现场抢救后,重者立即送往就近医院治疗。

(9)现场临时救治方法:

①皮肤接触:立即脱去污染衣着,用肥皂水及大量清水彻底冲洗皮肤。

②眼睛接触:立即翻开上下眼睑,用流动清水或生理盐水冲洗,冲洗时间按照危化品安全技术说明书的规定执行,就医。

③吸入:迅速脱离现场至空气新鲜处,保持呼吸道通畅,如呼吸及心脏停止,立即进行人工呼吸和心脏按压术,立即送医。

### 7.6.4 注意事项

(1)危化品泄漏事故处置危险性大,专业性强,需要有严密的组织。

(2)危化品泄漏处置时应详细了解危化品的理化特性,所有进入泄漏区的人员要做好个人防护,不得擅自进入,亦不可盲目施救。

(3)事故处置完毕后,要清点人员和装备,并进行清洗和消毒。

## 7.7　有限空间作业事故现场处理方案

### 7.7.1　事故风险分析

(1)有限空间作业风险分析:有限空间是指存在危险有害因素(如缺氧,或存在硫化氢、一氧化碳、甲烷等有毒气体或粉尘中毒危险)且受到限制和约束的封闭、半封闭设备、设施及场所。服务区污水池清淤,污水处理设备维修,清洗消防水箱,检修阀门井、窨井,清洗烟道等作业,属有限空间作业。有限空间中的氧气浓度低于18%或者存在其他有毒有害气体时,可能造成中毒事故、缺氧窒息事故。有限空间作业未使用安全电压,有可能造成触电事故。有限空间作业违规动火,可能引发爆炸、火灾事故。

(2)事故危害:有限空间作业事故可能造成人员伤亡和经济损失。有限空间作业伤员施救不当,极易引发施救人员二次伤亡,事故影响范围在有限空间作业区域,严重时可能波及周边区域。

### 7.7.2　应急工作职责

1)有限空间作业事故现场处置小组

(1)组长:服务区办公室负责人。

(2)组员:服务区安全管理员、其他管理人员、维修班组。

2)组长职责

(1)接到报告后,立即赶往现场指挥事故处置。

(2)出现人员昏迷等严重事态,立即报告公司应急值班室。

(3)对事故现场处置全流程的控制,包括事中应急处置、事后原因分析、形成事故报告,以及组织采取改善措施预防事故的发生。

(4)事故结束后书面上报公司主管部门和安全保卫部。

3)组员职责

(1)接到有限空间监护人员报告,在现场处置小组组长的组织下开展救援。

(2)发现人员中毒或窒息,进行现场抢救,同时拨打120急救电话。

(3)穿戴好相应的劳动防护用品,到有限空间营救伤员。

(4)现场警戒,疏散周边无关人员,拍照取证,为事故调查提供证据。

(5)引导医疗救护机构进入现场,向医疗人员介绍事故经过、伤员概况,配合医疗人员实施救援。

### 7.7.3　应急处置

1)事故应急处置程序

(1)有限空间作业人员发生异常,作业监护人立即通知有限空间作业主管人员,主管人员立即报告服务区安全管理员和服务区办公室负责人。

(2)服务区办公室负责人接到报告,组织成立现场处置小组,赶到事故现场。

(3)出现有限空间作业人员昏迷及以上事故,服务区办公室立即上报公司应急值班室。

(4)现场处置小组组织抢救人员,正确穿戴好正压式空气呼吸器或防毒面具等劳动防护用品,进入有限空间施救。

(5)设置现场警戒线,疏散无关人员,保护现场,必要时拍照取证,为事故调查提供证据。

(6)伤员移出有限空间后,移至通风、安全地点,在医护人员到达之前对伤员进行力所能及的救护,在专业医疗人员到来后配合医疗人员进行救援。

2)现场应急处置措施

(1)抢险救援。

①应急抢险救援人员要穿戴好必要的劳动防护用品[正压式或长管空气呼吸器(防毒面具)、工作服、工作帽、手套、工作鞋、安全绳等],系好安全带,以防止抢险救援人员受到伤害。

②使用检测仪器对有限空间有毒有害气体的浓度和氧气的含量进行检测,也可采用小动物试验方法或其他简易快速检测方法做辅助检测。

③加强通风换气等相应的措施,确保整个救援期间处于安全受控状态。

④发现有限空间内伤员,用安全带系好被抢救者两腿根部及上体妥善提升使患者脱离危险区域,避免影响其呼吸部位。

⑤抢险过程中,有限空间内抢险人员与外面监护人员应保持通信联络畅通并确定好联络信号,在抢险人员撤离前,监护人员不得离开监护岗位。

(2)伤员中毒急救。

①呼吸道中毒时,应迅速离开现场,到新鲜空气流通的地方。

②经皮肤吸中毒者,必须用大量清洁自来水洗涤。

③眼、耳、鼻、咽喉黏膜损害,引起各种刺激症状者,须分别轻重,先用清水冲洗,然后由医生处理。

(3)伤员缺氧窒息急救。

①迅速撤离现场,将窒息者移到通风处呼吸新鲜空气。

②视情况对窒息者供氧,或进行人工呼吸等,必要时速送医院处理。

(4)伤员触电急救参见《触电事故现场处置方案》中的急救措施。

### 7.7.4 注意事项

(1)佩戴呼吸器者,一旦感到呼吸不适,迅速撤离现场,呼吸新鲜空气,同时检查呼吸器问题,及时更换合格呼吸器。

(2)充分利用救援器材,不得冒险蛮干。

(3)对所有因中毒、窒息事故休克者,不管情况如何,都必须从发现开始持续进行心肺复苏抢救。

(4)作业过程保持连续监测,有毒有害气体浓度超标时,立即撤离所有作业人员。

(5)进行心肺复苏救治时,必须注意中毒、窒息者姿势的正确性,操作时不能用力过大或频率过快。

(6)进行人工呼吸前,施救者应注意首先清除中毒、窒息者口中的异物,清除后方可进行下一步操作。

## 7.8 治安事件现场处置方案

### 7.8.1 事件风险分析

1)事故类型

(1)故意滋事者挑起事端造成人员伤亡。

(2)服务区过往休息人员摩擦冲突,发生打架斗殴事件。

(3)服务区进入歹徒,发生恶意凶杀案件。

(4)盗窃、抢劫事件执行《盗抢事件现场处置方案》。

2)事故危害

(1)对斗殴双方人员造成身体伤害和经济损失。

(2)歹徒对目标人员造成生命威胁。

(3)对服务区整体形象造成恶劣影响。

### 7.8.2 应急工作职责

1)治安事件现场处置小组

(1)组长:服务区办公室负责人。

(2)组员:服务区安全管理员、其他管理人员、保安人员。

2)组长职责

(1)接到治安事件报告后,立即到达现场,冲突严重的情况下立即拨打110报警。

(2)对事件现场处置全流程的控制,包括事中应急处置、事后原因分析、形成事件报告,以及组织采取改善措施预防事故的发生。

3)组员职责

(1)在发生人员伤亡的情况下,拨打120急救电话,进行受伤人员的抢救送医工作。

(2)能力范围内分开冲突双方,减小人员伤害程度和经济损失。

(3)疏散无关人员,造成公共财产损失的,拨打110报警,保护事发现场,拍照取证,通知公共财产管理部门计算经济损失,履行治安事件执法程序,向责任方索赔。

(4)协助公安人员进行事件调查工作,详细叙述事件发生经过,清点事件损失。

### 7.8.3 应急处置

1)寻衅滋事、打架斗殴治安事件应急处置程序

(1)保安人员发现服务区范围内发生寻衅滋事、打架斗殴事件或接到报警,应上前了

解情况,对双方进行劝解,如冲突严重造成人员伤亡,保安员立即上报服务区安全管理员和服务区办公室主任。

(2)服务区办公室组织现场处置小组,赶赴现场了解情况。

(3)现场处置小组疏散无关人员,未造成人员伤亡亦未造成公共财产损失的,尽量协调冲突双方协商解决,如不能解决拨打110报警,请执法人员处理。

(4)造成人员伤亡或公共财产损失的,现场处置小组保护事发现场,拍照取证,拨打110报警,通知公共财产管理部门计算财产损失,公安人员到达后,履行治安事件执法程序,向责任方索赔。

(5)打架斗殴事件处置结束后,服务区办公室负责人书面上报公司主管部门和安全保卫部。

2)劫持人质、凶杀等恶性刑事案件应急处置程序

(1)保安员发现恶性刑事案件或服务区人员报警后,立即上报服务区安全管理员和服务区办公室负责人,同时携带防暴盾牌、防暴头盔、防暴腰叉、防暴警棍等防暴用品赶赴现场。

(2)服务区办公室负责人接到报告后,立即拨打110向公安部门报警,同时组织现场处置小组,携带防暴用具赶赴现场。

(3)现场发生人员伤亡,尽量说服歹徒允许将受伤人员救出送医,拨打120急救电话,请求医疗救援。

(4)现场处置小组维持现场秩序,拉设警戒线疏散无关人员,在确保人身安全的情况下,尽 量与歹徒周旋,拖延时间,适时对歹徒进行抓捕。

(5)造成公共财产损失的,现场处置小组在将歹徒制服后,通知公共财产管理部门计算财产损失,公安人员到达后,按照程序向责任方索赔。

(6)若歹徒被制服,服务区办公室负责人指派专人保护现场,等待公安人员到达。

(7)如歹徒情绪激动强行突破,首先力求保证人质和营救人员的生命安全,留意歹徒特征、去向。

(8)公安机关取证时,服务区现场处置小组协助进行调查取证,详细叙述事件发生的时间、地点、发现者、事件发生过程、造成的损失等。

(9)事件现场处置结束后,服务区办公室负责人书面上报公司主管部门和安全保卫部。

3)治安案件应急处置措施

(1)对于寻衅滋事、打架斗殴事件,如能听从保安人员或其他人员劝解,达成谅解,则服务区恢复正常经营秩序,处置结束。若事件升级,出现人员伤亡,按恶性刑事案件进行报警和处置。

(2)恶性刑事案件发生时,当事人员应保持沉着冷静,适时向周围发出求救信号,但应尽可能避免与歹徒发生正面冲突。

(3)服务区办公室安全管理员或服务区办公室负责人接到恶性刑事案件报告,第一时间确定事发地点是否处于安防监控区域,如处于监控覆盖区域,立即将摄像头调向事发地点,录像记录现场情况,并立即向当地公安机关报案。

(4)报警人员要讲清楚案件的时间、地点,是否持刀枪等凶器,劫持人质还是恶意伤

人,危险程度,有无人员伤亡,报警人的姓名、联系方式等。

(5)其他现场处置人员持防暴用具赶赴现场,保持镇静,尽量避免与歹徒发生正面冲突,在确保自身安全的情况下,尽量与歹徒周旋,控制事态,合理使用警械,为公安部门现场抓捕歹徒争取时间,适时进行抓捕。

(6)若歹徒逃跑,要尽量记住歹徒的体貌、语言、穿衣打扮等特征,如有犯罪车辆,应记住车牌号、车型、车身颜色等特征,记住歹徒逃跑的方向,便于公安机关追查。同时保护现场,不要触摸现场的任何物品,留下目击证人,等待公安人员到达。

(7)如犯罪分子从高速公路上逃跑时,应立即通知集团公司信息中心和高速公路巡视人员,联合各收费所布控,并与当地警方联系,一起参加堵截。

(8)现场处置人员做好保密工作,避免产生不良影响。

(9)如有人员受伤,尽量周旋或在歹徒离去后拨打120急救电话,并派人到服务区入口引导急救车尽快到达现场。

(10)公安人员到达现场后,现场处置小组协助公安人员维持秩序,禁止闲杂人等靠近现场围观,配合公安人员进行案件处理。

### 7.8.4 注意事项

(1)服务区任何管理人员、保安员巡视发现可疑车辆及人员时,应立即通知各方收银员提高警惕,将保险柜上锁并打乱密码。

(2)服务区安防监控人员应随时关注监控摄像头,发现可疑人员及车辆应及时报告,提示相关人员提高警惕。

(3)与抢劫歹徒周旋时,应以"生命第一"为原则,如犯罪分子持有刀枪等凶器,可等公安机关进行抓捕。

## 7.9 充电站火灾现场处置方案

### 7.9.1 事件风险分析

1)事故类型

电动汽车充电过程中由于电气线路短路、充电器线路过载、电池故障等导致火灾。

2)事故危害

(1)造成充电设施或电动汽车充电系统的损坏。

(2)火灾可能波及周边的商户、加油站及其他辅助设施,造成人员伤亡和财产损失。

(3)充电作业人员盲目施救可能造成触电、爆炸或烫伤。

### 7.9.2 应急工作职责

1)充电站火灾事件现场处置小组

(1)组长:服务区办公室负责人。

(2)组员:服务区安全管理员、维修班组、电工。

2)组长职责

(1)接到充电站火灾事件报告后,立即拨打充电站管理方电话报警,说明起火部位、火势大小及扑救情况。

(2)组织服务区现场管理人员、服务区其他能调动的救援力量,赶赴现场,协助充电桩管理方进行火灾的现场处置。

(3)火灾事件结束后编写事件报告,书面上报公司主管部门和安全保卫部。

3)组员职责

(1)在服务区办公室负责人的领导下,赶赴现场参与现场处置。

(2)在火灾不可控的情况下,拨打 119 报警。

(3)在发生人员伤亡的情况下,拨打 120 急救电话,进行受伤人员的抢救送医工作。

### 7.9.3 应急处置

1)充电站火灾应急处置程序

(1)保安员巡视发现或接到充电汽车火灾报警后,立即上报服务区办公室负责人,服务区经理接到报警,立即通知充电站管理方,请服务区管理方派遣专业救援人员到场。

(2)服务区办公室负责人组织维修班组值班人员、安全管理员到达充电站区域,了解起火部位、起火原因,查看火势,拨打 119 报警。

(3)如发现人员触电,按照《触电现场处置方案》中的处置措施先行将触电人员脱离电源,采取急救措施。

(4)疏散充电站内和周边的无关人员和车辆,将充电站内其他充电车辆断电撤离,清理充电站周边的可燃物和易燃物。

(5)服务区办公室负责人指派专人通知充电站周边商户、加油站等,采取防范措施预防火灾蔓延。

(6)确定现场警戒范围,拉设警戒线。了解和确认火灾走势和燃烧物,在具备灭火设施、救援防护服、清楚灭火方式等灭火条件齐备的情况下,可进行火灾初期扑救。如起火原因及燃烧状况不明,可采取控制式灭火,控制现场稳定燃烧。

(7)事故造成人员伤亡,立即拨打 120 急救电话,请求医疗救援。

(8)充电站管理方救援人员或专业消防人员到达后,首先切断充电站电源。

(9)服务区现场处置小组协助医疗急救人员进行伤员抢救处理,灭火工作面交由专业救援队伍处理。

(10)火灾现场处置结束后,服务区相关人员协助进行事故调查,统计经济损失,按照司法程序和合同约定赔偿。

(11)服务区办公室负责人编制事故报告,书面上报主管部门和安全保卫部。

2)充电站火灾应急处置措施

(1)充电站火灾救援应首先确认电源位置并切断。

(2)在确保自身安全的情况下,首先采用拔出电动汽车充电枪或剪短充电箱等手段,断开充电桩与车辆的连接。

(3)采取现场警戒时,在事故车辆周边15m范围内设置工作区,在5m范围内设置作业区,只允许直接负责治疗或营救被困者的救援人员入内,灭火救援人员宜在5m之外。

(4)应持续监测易燃、有毒有害气体,宜实时监测事故车辆动力电池部位的温度,适时调整警戒范围。

(5)救援人员应仔细观察车身,查看是否有“EV”“Hybird”“混合汽车”“电动汽车”等字样,确定事故车辆是否为电动汽车。

(6)救援人员宜根据车辆信息,查询了解高压部件和断电开关的位置。在对车辆进行操作前,首先确认橙色部件和带有橙色标识部件的位置,以及相关标识的内容要求。

(7)救援人员应通过外部观察和仪器监测,判断事故车辆动力电视和高压系统的受损情况,评估动力电池可能引发的爆炸燃烧的危险因素及后果,做好事故救援准备。

(8)当有人员被困或高压电池未起火时,应采取主动式灭火。严禁对车身结构进行穿刺、切割、撬、拆除等操作,严禁使用工具刺穿引擎盖,避免穿透发动机区域的高压部件而造成严重的电击。

(9)如高压电池着火,应使用大量的、持续的消防水,没有人员被困及没有足够消防水的情况下,可采取控制式灭火,控制现场稳定燃烧。

(10)火灾救援人员应穿戴全套的个人防护装备和呼吸全套装备,灭火人员未穿戴个人防护用品和呼吸装备的情况下,应处于火焰燃烧上风向,避免吸入烟气中的有毒物质。

(11)火灾扑灭后,对事故车辆的车轮和制动装置采取固定措施,创造安全作业条件。

(12)如有需要,对事故车辆采取断电措施。关闭车辆启动开关,对事故车辆进行自动断电,再对其进行手动断电,确保动力线路处于断电状态。

(13)充电站管理方进行现场清理,妥善处理受损车辆,采用合理的转运方式,不能直接进行拖挂,要根据厂商提供的技术说明书的要求进行转移。

### 7.9.4　注意事项

充电站火灾救援人员应接受过专业培训,充分熟悉当地主流品牌及型号的电动汽车的 高压系统结构。

## 7.10　恶劣天气应对方案

### 7.10.1　极端恶劣天气风险分析

1)事故类型

(1)强降雨导致服务区积水过多,引发交通事故、部分设施淹没。

(2)冬季降雪导致路面积雪,引发交通事故。

(3)五级及以上大风天气破坏公共设施、树木等,对过往车辆、行人造成物体打击。

2)事故危害

(1)交通事故造成人身伤害和经济损失。

(2)积水淹没设备设施造成经济损失。

(3)物体打击事故造成经济损失及人身伤害。

### 7.10.2 工作职责

1)极端恶劣天气现场应对小组

(1)组长:服务区办公室负责人。

(2)组员:服务区安全管理员、其他管理人员、保安人员,经营承租方负责人。

2)组长职责

(1)收到强降雨、降雪、大风等恶劣天气预报信息后,组织成立恶劣天气应对小组,分配小组工作职责,落实责任区范围。

(2)极端恶劣天气来临时,启动临时处置方案,布置应对措施。

(3)负责恶劣天气应对全过程的指挥,对处置全过程进行控制,包括应急处置、事后的总结报告,改进极端天气应对的处置措施。

3)组员职责

(1)按照组长的分工,在极端恶劣天气来临前,做好应急准备。

(2)极端恶劣天气来临对服务区运营即将造成影响或造成一定影响时,启动处置方案,开展汛期排水、除雪铲冰等工作。

### 7.10.3 应急处置

1)强降雨天气应急处置程序及措施

(1)服务区办公室收听到强降雨天气的预报或公司的通知,须提前一天落实防汛必备物资,备好便携式发电机、抽水机、水带、铁锹、编织袋、救生衣、雨衣、手电筒等防汛设备设施,维修班组提前做好发电机、水泵的检维修工作,保证防汛设备能正常运转。

(2)对服务区内的路面排水设施、排水管网、电气设备设施、防雷接地设施等进行安全检查,发现问题立即整改,保证汛期安全。

(3)保安人员、设备设施日常巡检人员应在强降雨天气加强巡视,发现降雨造成服务区低洼地段积水,威胁服务区辅助设备设施、人员、车辆安全,应启动现场处置方案,安装水泵进行排水。

(4)占道抢险过程中,抢险组应按规定码放作业区,设置安全提示标牌,专人进行车辆疏导,避免发生安全事故。

2)降雪天气应急处置程序及措施

(1)服务区收到强降雪预报或上级预警,要在降雪到来之前提前在广场出入口和主要交通道路铺撒融雪剂,准备、检查好扫帚、除雪铲等应急物资。

(2)降雪覆盖路面不能融化或已结冰时,服务区办公室及时组织管理人员、经营单位人员进行除雪铲冰,除雪时不要铲到绿化带或损坏公共设施。严禁将混有融雪剂的积雪堆放到树坑和绿地内,应堆放到指定地点。

(3)在室内门口或门厅台阶等行人出入频繁的区域放置纸浆板、地垫等设施,辅助清除行人鞋底积雪,同时放置"小心地滑"等安全警示牌,提醒人员注意安全。

(4)降雪天气结束后,服务区办公室负责人书面上报除雪铲冰工作情况和融雪剂使用情况,完成总结上报工作。

3)大风天气应急处置措施及措施

(1)服务区收到五级及以上大风天气预报或上级预警,应提前一天开展标志牌、广告牌、指示牌、灯箱、线杆、灯杆、树木、屋顶平台设备设施、电气线路等的安全检查,确认以上设施结构完好,发现影响结构安全的问题,及时采取加固措施。

(2)遭遇大风天气时,服务区各类巡视人员应加强检查,发现问题及时整改,不能立刻整改的,采取临时隔离或防护加固措施,避免服务区设备设施发生坠落、倒塌、线路断裂破损等事故。

(3)停车场管理员提醒过往驾驶员车辆停放和人员行走时远离树木、线杆、灯箱、广告牌、标志牌等设施。

(4)服务区安全管理员应加强对施工方的安全监管,五级及以上大风天气禁止施工人员进行露天高处作业。

### 7.10.4　注意事项

(1)在遭遇恶劣天气时,要有准备、有对策、有措施。

(2)大风天气应密切关注服务区火灾隐患,避免发生火灾时火借风势,造成重大损失。

## 7.11　服务区人员密集场所应急疏散处置方案

### 7.11.1　事故风险分析

在人员比较集中的地方,如办公楼、较大型会议室、服务区休息室、公司举办大型活动的场所等,因火灾、雷击、恐怖袭击、重大治安事件等或因其他专项预案引发本预案,由于突发意外事故,易造成人员踩踏等人身伤亡事故。

### 7.11.2　应急工作职责

1)应急救援小组

(1)组长:服务区办公室负责人。

(2)组员:服务区安全管理员、其他管理人员,各承租方现场负责人、当班工作人员。

2)组长职责

(1)负责接收人员密集场所突发事件信息情况,提出人员密集场所突发事件级别判定意见,并综合汇总上报工作。

(2)指导督促人员密集场所应急处理预案的执行。

(3)收集、上报、通报有关信息资料,发布、接收和传达指挥部的指令、指示及通知。

3)组员职责

(1)根据专家技术组的技术建议和事故现场情况制订救援方案,按照方案迅速组织抢险力量进行抢险救援。

(2)负责在事故现场设立临时医疗救护点,对受伤人员进行紧急救治并护送危重伤员至医院接受进一步治疗。

(3)组织人员对事故现场及周边地区和道路进行警戒、控制,组织人员有序疏散。

(4)负责落实抢险工程车辆、抢险器材,确保抢险队伍、器材到位,抢险工作有效运转。

(5)协调落实事故责任单位,和保险公司及时支付事故赔偿款事宜。

### 7.11.3 应急处置

(1)应急处置过程中,应始终首先确保现场人员的安全疏散,其次对现场内外可能存在的危险品进行封存及转移,最后在条件允许的情况下对贵重物资、财产进行抢运和转移。

(2)接到事故报告并经核实后,要立即向应急救援小组组长报告,视危害程度情况,决定是否启动本预案。在一般情况下先增派现场安保人员或专业救援力量进行处置;当情况紧急,必须停止活动或紧急疏散现场人员时,要立即启动本预案,同时报当地政府有关部门或上级部门,政府部门或上级启动预案后,本预案服从政府部门或上级预案。

(3)应急疏散。

①口头引导疏散。警戒疏散组到指定地点后,要用镇定的语气呼喊,劝说人们消除恐惧心理、稳定情绪,使大家能够积极配合,按指定路线有条不紊地进行疏散。

②广播引导疏散。在接到安全事故报警后,中控值班人员要立即开启应急事故广播系统,将指挥小组的命令、事故情况、疏散情况进行广播。广播内容应包括:发生事故的部位及情况,需要疏散人员的区域,指明比较安全的区域、方向和标志,指示疏散的路线和方向,对已被困人员要告知他们救生器材的使用方法,以及自制救生器材的方法。

③强行疏导、疏散。如果事故现场,直接威胁人员安全,警戒疏散组采取必要的手段强制疏导,防止出现伤亡事故。在疏散通道的拐弯岔道等容易走错方向的地方,应设疏导人员,提示疏散方向,防止误入死胡同或进入危险区域。

(4)人员密集场所伤亡事故已经发生的处置措施。

①迅速实施现场管制。伤亡事故发生后,要按照职责分工要求,迅速对事故现场进行治安临时管制,对重点部位实行守护。通过现场管制,切实起到震慑犯罪、稳定民心、控制局势的作用。

②迅速疏散群众。要引导现场人员和车辆有序离开现场,防止挤、踩、压伤(亡)事故的再次发生。要维护好现场和通往医院的交通秩序,保证救护车辆畅通无阻。场外执勤人员要疏散围观群众,并协助维护好交通秩序。

③迅速救护伤员和被困群众。要积极协同卫生部门及时将伤员送往医院抢救。

④迅速调查事故原因。及时组织人员对现场进行保护,协助有关部门搜集并固定事

故发生现场违法犯罪行为的证据,并对事故原因和经过进行调查。

⑤迅速恢复现场秩序。现场处置工作结束后,要迅速清理现场,尽快恢复现场秩序。同时,要协同有关部门做好伤亡者家属安抚工作,将事故对社会的影响减小到最低。

### 7.11.4 注意事项

(1)保持安全疏导秩序,防止出现拥挤、踩踏、摔倒等事故发生。

(2)应遵循的疏导顺序:先安排受事故威胁严重及危险区域内的人员疏散;疏散中应按先老、弱,后员工,最后为救助人员疏散的顺序。

(3)发扬团结友爱精神,尽力救助更多人员撤离事故现场。

(4)对疏散出的人员,要加强脱险后的管理,清点人数,防止脱险人员对财产和未撤离危险区人员生命的担心而重新返回事故现场,必要时,在进入危险区域的关键部位配备警戒人员。

(5)政府相关部门的救援队伍到达事故现场后,疏导人员应积极配合,若知晓内部有人员未疏散出来,要迅速报告。介绍被困人员的方位、数量以及救人的路线。

(6)疏散中注意控制事故现场,控制火势和火场排烟,为安全疏散创造有利条件。

(7)逃生中注意自我保护,学会逃生基本方法,疏导人员应指导逃生疏散人员。

(8)正确运用逃生方法,尽快撤离事故现场。

(9)注意观察安全疏散标志,按其指引方向,尽快引导人员撤离事故现场。

(10)疏导人员应佩戴所需的劳动防护用品(防毒面具、手套等)。

## 7.12 传染病感染防控应急方案

(1)做好传染病的防控宣传工作。提高全体员工的自我防护知识和能力,同时做好舆情引导,避免引起大范围的恐慌。

(2)服务区要做好传染病的防治工作,发现疫情第一时间上报公司安全保卫部,并到指定医疗机构进行排查、诊治,做到早发现、早报告、早隔离、早治疗。

(3)定期组织消除交通工具以及相关场所的鼠害和蚊、蝇等病媒生物的危害,做好消杀工作,预防传染病传播。

(4)食堂和对外餐厅严把进货关。避免疫区货源的流入,要求供应商资质齐全、畜禽类生肉有检疫合格证。

(5)服务区、加油站区按照防疫等级要求实行货车登记备案制度,注明进出时间、停靠时间、车辆牌照及司机联系方式,引导其停靠至专用停车位,并适当委婉劝离。

(6)做好防控物资、设施的储备。按照公司采购相关制度规定做好防疫物资的储备,确保物资充足。节日期间保留一辆保障用车,用作送医救治的交通工具。

(7)做好每日垃圾清运工作。当日垃圾当日清理,对垃圾收集器具进行喷雾消毒。

(8)避免出入人员密集和疫情高发区。节日期间尽量避免去人员密集场所,避免医院亲友探视,合理膳食,注意休息。

## 7.13 服务区重大节假日期间保畅方案

### 7.13.1 人员、设备、物资等准备工作

(1)人员安排。

为确保重大节假日期间各项工作有序开展,各服务区经营单位要合理增加在岗人员,应对车流人流高峰。公益性保障方面,要求在节前完成对保安、保洁人员数量的增加,合理安排班次及岗位规划。重大节假日期间,公司领导按照责任区划分,加强巡视指导;机关各部长原则上停休,补充至各服务区,提高现场管理能力;公司各级管理人员按照部门安排做好各自相应工作,确保重大节假日期间服务区秩序良好。

(2)调整营业时间。

根据节日期间各条高速公路车流量、客流量的具体情况,延长各经营单位营业时间。

(3)物资供应及储备。

各服务区经营单位提前储备相应商品、油品,服务保障配备齐相关疏导、警示、安全等储备物资。

(4)安全及设备设施维护。

各服务区在重大节假日到来前10d内,对大型设备进行1次检修保养,确保设备处于良好的运转状态。同时,加强对各类小型设备的保养、维护和日常巡视、检查,要求熟练掌握设备的性能、操作流程,确保节日期间正常使用。

对服务区内安全标识、消防栓、灭火器、值班车辆、广场井盖、出入口台阶、厕所地垫等各类设备设施,每日进行1次安全隐患自查,坚决消除隐患,确保安全。

(5)突发事件的应急处理。

公司所属各服务区要在节前对员工进行突发事件预案培训,让员工熟练掌握突发事件处理流程,并结合工作实际进行安全教育,总结以往重大节日保畅过程中的经验教训及不足。

各服务区要提前做好重大节假日期间保畅动员会,动员会中要讲明形势、周密安排工作,提出具体工作要求,鼓舞员工士气斗志。同时,梳理员工工作情绪,端正员工服务态度,不与顾客发生争执和冲突,避免顾客投诉。

如遇突发事件,各单位负责人要第一时间在现场处理,并按照应急处理程序及时上报,各相关部门做好相互协作,避免突发事件升级。

(6)其他保障、服务、协调工作。

各服务区经营单位要按照财务规定,备好发票及备用金、做好收送款工作。延伸服务方面,除提供小药箱、针线包、地图等延伸服务外,各服务区经营单位设一名服务人员佩戴绶带,负责顾客问询、指路、引路等流动服务。安装LED电子显示屏的单位,要充分利用显示屏发布安全提示等相关信息。

各服务区要结合以往保障经验,做好应对措施,客流量大的服务区要提前增加临时公

厕,对服务区的停车位要进行合理规划,增加临时停车位。各服务区公益性服务要确保干净整洁,合理安排垃圾清运、化粪池清掏等工作,各服务区办公室以悬挂横幅、设置服务台等适当形式宣传高速公路免费通行方面的具体方法等,方便广大车户快速通行。由各服务区办公室负责在重大节假日期间与保洁公司、保安公司、集团内兄弟单位,以及消防、派出所等单位联动,发挥联动作用,确保各单位联动机制有效。

### 7.13.2　车辆、人员激增情况下的疏导

各服务区提前准备好指示牌、隔离条、隔离墩等设施,做好大客流、大车流的应对工作。对于人流按照"有出有进"的原则进行疏导,人流量大时开启临时公厕或办公区域厕位,车辆则按照确保有一条安全通道自服务区进口至出口的原则进行疏导。

### 7.13.3　值班及信息传递上报

公司所属各服务区要严格按照重大节假日期间保畅方案职责切实履行,合理安排值班人员,对违反值班纪律、没有履行好值班职责和遇紧急重大情况迟报、漏报、瞒报、错报造成严重后果的有关责任人,要追究责任,依法依规严肃查处。

# 第8章　服务区检查与考核

## 8.1　检查范围与依据

(1)检查范围:首发集团公司所属、政府委托、社会委托范围内的高速公路服务区。

(2)检查依据:《全国高速公路服务区服务质量等级评定记分细则(2017 版)》《全国高速公路停车区服务质量等级评定记分细则(2017 版)》《收费(高速)公路检查评分标准》以及交通运输部、北京市交通委员会等行业主管部门的相关工作要求。

## 8.2　集团公司检查与考核

集团公司对服务区服务质量的检查分为定期检查(季度、半年、全年)和不定期检查(随机抽查)两种。检查工作由高速公路运营管理部牵头组织,覆盖服务区的公共卫生间、餐饮、便利店、加油站及停车区域等公益性服务,主要检查基础设施、环境卫生、综合服务、安全管理和基础管理等方面。检查工作主要参照《高速公路运营管理手册(基础篇)》中“运营管理目标考核体系”中服务区服务管理相关指标、检查程序及考核标准,检查结果在集团公司半年和全年考核时进行汇总。针对检查过程中发现的问题,被检查单位须按要求完成整改,整改完成后高速公路运营管理部会同相关部门对整改情况进行复查。

## 8.3　服务区管理单位检查与考核

### 8.3.1　服务区管理单位服务质量监督检查

(1)服务质量监督中心对公司所属各事业部、经营单位的运营服务、质量体系落实、经营场景规范、安全运转、接诉即办预防处置、品牌构建推广等进行对标检查。

(2)检查方式:每周对公司所属各事业部、经营单位的加油站、服务区、停车区、便利店运营服务、质量体系落实、经营场景规范、安全运转、接诉即办预防处置、品牌构建推广等进行对标检查,覆盖率 100%,针对频发、诉求率高的突出问题增加检查频次。

(3)每月度根据服务质量监督检查发现的问题,向责任单位反馈并下发《督促整改通知单》;建立《服务质量监督检查工作台账》,每月 25 日提交并上报公司经理办公会月度检查评价报告,经办公会研定后将检查评价报告提交人力资源部作为绩效考核参考。

(4)每月、半年、年度撰写检查评价报告,按照日常工作计划对标检查内容,并结合重点保障及节假日期间的工作要求,参考志愿者辅助监督检查的结果进行问题分析、评价总结,提出合理化建议。

### 8.3.2　服务区检查评比

(1)依据《全国高速公路服务区服务质量等级评定细则(2017版)》每月对所辖服务区进行检查考核。

(2)检查内容为:公共卫生间、公共场区、加油站、便利店、合作单位管理及日常管理等。

(3)检查方式:每月定期和不定期对服务区的服务质量进行检查。

(4)检查时,检查人员对发现的问题进行拍照留存,出具检查整改报告。各基层管理单位按照整改通知要求落实整改,并在收到整改通知5日内,将整改报告和受检单位负责人签字后的打分表按时反馈给运营单位。服务区事业部门每月对检查结果进行排名、通报。

## 8.4　服务区自检自查

(1)服务区管理实行走动式管理,强化现场管理的长效性,注重过程与实效,坚持"发现问题、限时整改、逐步提升"。

(2)巡检自查要求:服务区负责人、服务区管理员及各业态负责人以定期或不定期抽查的方式对服务区现场进行走动式巡视检查。

①定期:服务区负责人每周至少1次对管辖区域进行全面巡视检查。服务区管理员及各业态负责人每日至少1次对所管辖区域进行随机走动巡视检查,重大时期及免费通行保障期间,服务区值班人员及各业态负责人对管辖区域每日至少随机走动巡视检查2次。

②不定期:服务区负责人、服务区管理员及各业态负责人随时不定期对所管辖区域进行走动巡视抽查。

服务区内各单位对管辖范围内的单位参照《全国高速公路服务区服务质量等级评定记分细则(2017版)》《全国高速公路停车区服务质量等级评定记分细则(2017版)》对服务质量进行检查,检查内容包含文明服务、服务规范、安全、环境、标识、证照、延伸服务、记录表格等。发现问题限时整改,整改后对整改情况进行复查。巡视人员做好记录的存档工作,作为上级主管部门或主管单位对服务区考核的重要依据。

## 8.5　服务区检查管理质量记录

(1)《全国高速公路服务区服务质量等级评定记分细则(2017版)》(表8.5-1)。

(2)《全国高速公路停车区服务质量等级评定记分细则(2017版)》(表8.5-2)。

**表 8.5-1　全国高速公路服务区服务质量等级评定记分细则(2017 版)**

编号:YFWQ-32

| 评比内容 | | 服务质量标准 | 评价分值 1000 | 记分细则 | 操作说明 | 示范 | 优秀 | 达标 |
|---|---|---|---|---|---|---|---|---|
| 1. 公共卫生间 | 1.1 基础设施 | (1)便器数量与日常旅客峰值相匹配,满足非重大节假日驾乘人员需要 | 25 | ①便器数量不匹配,致使排队人数超过 10 人(含),扣 25 分<br>②便器数量不匹配,致使排队人数在 5 人(含)以上 10 人以下,扣 15 分<br>③若出现监控设备异常、故障、录像文件缺失及无监控资料可查等情况,分别扣除 2 分 | ★因道路封闭后放行、大型客车集中停留等特殊原因造成大量顾客进入卫生间的情况除外;★男女卫生间排队人数分别计算,取高值,但不重复扣分;★考评时,调取的监控资料覆盖至卫生间出入口或者门厅即可;★被公安系统列入天网监控范围,有公安系统出具相关证明的,无须调阅监控资料 | 25 | 25 | 25 |
| | | (2)重大节假日,发生排队如厕现象时,能及时开启简易或临时卫生间等辅助设施 | 15 | ①便器数量不匹配,且未启用任何简易或临时卫生间等辅助设施,致使排队人数超过 20 人(含),扣 10 分<br>②便器数量不匹配,且未启用任何简易或临时卫生间等辅助设施,致使排队人数在 10 人(含)以上 20 人以下,扣 8 分<br>③便器数量不足,虽然启用辅助设施,但排队人数仍然超过 20 人(含),扣 6 分<br>④便器数量不足,虽然启用辅助设施,但排队人数仍然在 10 人(含)以上 20 人以下,扣 4 分<br>⑤出现排队现象,由于辅助设施损坏无法正常使用,每发现 1 处扣 2 分<br>⑥不能提供重大节假日管理制度或应急预案,扣 5 分<br>⑦若出现监控设备异常、故障、录像文件缺失及无监控资料可查等情况,分别扣除 2 分 | ★因道路封闭后放行、大型客车集中停留等特殊原因造成大量顾客进入卫生间的情况除外;★男女卫生间排队人数分别计算,取高值,但不重复扣分;★考评时,调取的监控资料覆盖至卫生间出入口或者门厅即可;★被公安系统列入天网监控范围,有公安系统出具相关证明的,无须调阅监控资料 | 15 | 15 | 15 |

续上表

| 评比内容 | | 服务质量标准 | 评价分值<br>1000 | 记分细则 | 操作说明 | 示范 | 优秀 | 达标 |
|---|---|---|---|---|---|---|---|---|
| 1. 公共卫生间 | 1.1 基础设施 | (3)公共卫生间为水冲式。不具有完整上下水道和粪便处理设施的地区,应设置具有前端处理设施的独立式无害化卫生间 | 10 | ①水冲式卫生间,不扣分<br>②非水冲式卫生间且不符合规定标准,扣10分 | ★水冲式指自动或驾乘人员可操作用水冲洗的卫生间;★非水冲洗指卫生间或简易卫生间不是采用水冲洗的卫生间 | 10 | 10 | 10 |
| | | (4)有完好可用残疾人专用卫生设施 | 5 | ①未设置残疾人专用卫生设施,扣5分<br>②有残疾人专用卫生设施,但不符合标准的,扣3分<br>③设施缺失或损坏,每发现1处扣1分 | ★《无障碍设计规范(GB 50763—2012)》第3.9条公共厕所、无障碍厕所有关规定;★残疾人专用卫生设施包括:男用小便器、坐便、专用洗手设施和配套扶手;★残疾人卫生设施挪作他用视为无设施 | 5 | 5 | 5 |
| | | (5)私密性强,厕位之间有隔断板和门,男厕小便位间设有隔板 | 5 | ①女厕位与男厕大便位未设有隔断板和门,每发现1处问题,扣2分<br>②男厕小便位未设有隔板,每发现1处问题,扣1分<br>③厕位间设有隔板,但不符合私密性要求,或损坏的,每发现1处问题,扣1分 | ★参照《城市公共厕所设计标准(CJJ 14—2005)》第3.3条有关规定 | 5 | 5 | 5 |
| | | (6)大、小便间和盥洗室分室设置 | 5 | 每发现1处未设置问题扣2分 | | 5 | 5 | 5 |
| | | (7)各类便器、洁具、水龙头、灯具、换气设备完好可用,无缺失、破损、锈蚀现象 | 5 | 每发现1处此类问题扣1分 | ★如果便器、洁具或水龙头损坏正在维修,能通过设置规范的提示牌提醒顾客,不扣分 | 5 | 5 | 5 |
| | | (8)上下水设施能正常使用,无滴漏、锈蚀现象,排污通畅 | 5 | 每发现1处此类问题扣1分 | ★如果设备损坏正在维修,能通过设置规范的提示牌提醒顾客,不扣分 | 5 | 5 | 5 |
| | | (9)地面、墙体、顶棚、门窗无缺失、破损、锈蚀现象 | 5 | 每发现1处此类问题扣1分 | | 5 | 5 | 5 |
| | | (10)设置文明用厕宣传标识、标牌 | 5 | ①未设置任何宣传标识、标牌,扣5分<br>②宣传标识、标牌不规范、不美观、有破损现象,每发现1处扣1分 | ★标识规范性以符合国家、省级或本单位统一视觉设计标识系统判断 | 5 | 5 | — |

续上表

| 评比内容 | | 服务质量标准 | 评价分值<br>1000 | 记分细则 | 操作说明 | 示范 | 优秀 | 达标 |
|---|---|---|---|---|---|---|---|---|
| 1. 公共卫生间 | 1.1 基础设施 | (11)提供洗手液和干手设施 | 5 | ①未提供洗手液,扣2分<br>②未提供干手设施,扣3分<br>③洗手液缺失或干手设施损坏无法使用,每处扣1分 | ★洗手液浓度严重不足视为缺失;★干手设施包括烘手机或擦手布、纸巾等;★洗手液少于容积1/4的视为缺失 | 5 | 5 | — |
| | | (12)有完好可用的第三卫生间、老年人和儿童卫生洁具 | 10 | ①未设置第三卫生间,扣5分<br>②未设置老年人卫生洁具,扣3分<br>③未设置儿童卫生洁具,扣3分<br>④设施缺失或损坏,每发现1处扣1分 | ★第三卫生间是指有独立封闭的空间,能实现陪同行动不便的异性家属如厕的功能,英文名称统一使用“Family Restroom”;★第三卫生间必须与男女卫生间分离设置,未分离设置或不能封闭的视为无第三卫生间;★如果能够实现第三卫生间的基本功能,可将残疾人卫生间与第三卫生间合并设置,但须有明确的指示标识;★老年人和儿童卫生洁具包括专用小便器、坐便、洗手池、扶手 | 10 | — | — |
| | | (13)冬季为驾乘人员提供温度适宜的洗漱用水 | 5 | ①未设置温水洗手设施或设施损坏无法使用,扣5分<br>②男女共用盥洗室能提供温水的龙头数量少于5个,或男女分用盥洗室能提供温水的龙头数量平均少于3个,扣3分<br>③未设置温水洗手标识或标识不规范的,扣1分<br>④测量水温低于15℃,扣2分 | ★要求服务区有温水洗手设施,但不要求所有水龙头均能做到温水洗手,有最低数量规定;★随机抽查室内一处温水龙头,测量出水温度;★在温水龙头处增加提示标识“冬季提供温水”;★标识规范性以符合国家、省级或本单位统一视觉设计标识系统判断 | 5 | — | — |
| | 1.2 环境卫生 | (14)光线良好、空气清新、无异味 | 10 | ①未设置排风系统,或排风系统不能启用,扣5分<br>②每发现1处光线昏暗或有异味问题,扣2分 | ★采用通透建筑结构的卫生间不必设置排风系统;★过度使用燃香或清新剂等,视为有异味 | 10 | 10 | 10 |

续上表

| 评比内容 | | 服务质量标准 | 评价分值 1000 | 记分细则 | 操作说明 | 示范 | 优秀 | 达标 |
|---|---|---|---|---|---|---|---|---|
| 1. 公共卫生间 | 1.2 环境卫生 | (15)地面洁净,无脚印、垃圾、杂物、积水、痰迹、污渍 | 10 | 同一卫生间,发现3处(含)以下问题不扣分,三处以上每再发现1处问题扣1分 | ★男、女卫生间分别检查,不是同一卫生间(下同);★举例说明:在对某服务区男卫生间的检查过程中,如果发现3处及以下数量的脚印或垃圾、杂物,不扣分,发现4处扣1分,发现5处扣2分,以此类推,扣完为止;★因道路封闭后放行、大型客车集中停留等特殊原因造成大量顾客进入卫生间的情况,须等待客流量恢复正常后再检查 | 10 | 10 | 10 |
| | | (16)棚面、墙面、柱面、门窗、台面、镜面等洁净无灰尘、无污物 | 5 | 每发现1处此类问题扣1分 | | 5 | 5 | 5 |
| | | (17)各类设施设备干净整洁 | 5 | 每发现1处此类问题扣1分 | | 5 | 5 | 5 |
| | | (18)便池挡板干净整洁 | 10 | 每发现1处此类问题扣1分 | ★便池挡板出现烟渍、刮痕等不可消除的情况除外 | 10 | 10 | 10 |
| | | (19)便池无水锈、污渍、积便现象 | 10 | ①便池有水锈或污渍,每发现1处问题扣1分<br>②便池有积便,发现两个(含)以下不扣分,两个以上每再发现一个扣2分 | ★操作举例说明同第(15)条 | 10 | 10 | 10 |
| | | (20)垃圾纸篓统一套袋,纸篓内纸不超过2/3 | 10 | ①未套袋,每发现1处问题扣1分<br>②垃圾超过2/3但未溢出,每发现1处问题扣2分<br>③垃圾已溢出,每发现1处问题扣3分 | | 10 | 10 | 10 |
| | | (21)无蚊蝇 | 10 | ①未能提供灭蚊蝇制度,扣5分<br>②未能提供灭蚊蝇痕迹化记录,扣2分<br>③痕迹化记录不齐全或不规范,扣1分<br>④同一卫生间,发现3只(含)以下蚊蝇不扣分,3只以上每再发现1只扣1分 | ★要求提供灭蚊蝇规章制度和最近3个月的痕迹化记录 | 10 | 10 | 10 |

续上表

| 评比内容 | | 服务质量标准 | 评价分值 1000 | 记分细则 | 操作说明 | 示范 | 优秀 | 达标 |
|---|---|---|---|---|---|---|---|---|
| 1.公共卫生间 | 1.2 环境卫生 | (22)摆放盆景、盆花等装饰品,播放背景音乐 | 5 | ①未摆放盆景、盆花等装饰品,扣3分 | ★自然生长植物花卉等同于盆景、盆花 | 5 | 5 | — |
| | | | | ②未播放背景音乐,扣2分 | | | | |
| | | | | ③盆景、盆花出现褪色、凋零、干枯等现象,每发现1处扣1分 | | | | |
| | 1.3 文明服务 | (23)24h免费开放 | 5 | 未做到24h开放或有收费行为,扣5分 | | 5 | 5 | 5 |
| | | (24)保洁人员着统一工装、佩戴工牌,仪容仪表整洁、姿态端正,无聚众聊天、玩手机等与工作无关的行为 | 5 | ①服务区未统一设计和制作工装或工牌,扣3分 | | 5 | 5 | 5 |
| | | | | ②每发现1名员工未穿着工装或佩戴工牌,扣1分 | | | | |
| | | | | ③未使用本岗位文明礼貌用语,每发现1人次扣1分 | | | | |
| | | | | ④仪容仪表不整洁或站、坐姿不规范,每发现1人次扣1分 | | | | |
| | | | | ⑤服务行为不规范,每发现1人次扣1分 | | | | |
| | | (25)实行专业化物业管理和标准化作业 | 10 | ①无规章制度和操作规程,扣5分 | ★提供卫生间专业化物业管理规章制度和操作规程;★提供最近3个月的痕迹化检查监督记录;★随机抽查一名保洁员工 | 10 | — | — |
| | | | | ②无痕迹化监督检查记录,扣2分 | | | | |
| | | | | ③痕迹化记录不齐全、不规范,扣1分 | | | | |
| | | | | ④无任何专业化保洁工具和洗涤用品,扣2分 | | | | |
| | | | | ⑤员工不能熟练掌握卫生工作方法,扣2分 | | | | |
| | 公共卫生间部分合计 | | 200 | | | 200 | 175 | 160 |

续上表

| 评比内容 | | 服务质量标准 | 评价分值 1000 | 记分细则 | 操作说明 | 示范 | 优秀 | 达标 |
|---|---|---|---|---|---|---|---|---|
| 2. 公共场区 | 2.1 基础设施 | (26)交通标志标线符合相关标准,齐全清晰 | 10 | ①交通标志不符合国家相关标准,扣5分<br>②公共标志不符合国家相关标准,扣5分<br>③每发现1处标志、标线缺失或不清晰,扣1分 | ★参照现行《道路交通标志和标线》(GB 5768)和现行《标志用公共信息图形符号》(GB/T 10001) | 10 | 10 | 10 |
| | | (27)对综合楼、停车场、公共卫生间、加油站、维修站等,进行交通流线设计,合理布设。人流、车流路线明确、简洁、安全 | 10 | ①有交通流线设计,但人流、车流路线不明确,有交叉通行现象,扣5分<br>②无交通流线设计,人流、车流线路不明确,存在较大安全隐患,扣10分<br>③若出现监控设备异常、故障,录像文件缺失及无监控资料可查等情况,分别扣除2分 | ★被公安系统列入天网监控范围,有公安系统出具相关证明的,无须调阅监控资料 | 10 | 10 | 10 |
| | | (28)停车位数量与交通量、车辆构成相适应,且充分利用场地,方便车辆安全停放、进出 | 10 | ①因停车位数量不足,导致车辆不能按位停放,但不影响车辆进出,扣2分<br>②因停车位数量不足,导致车辆不能安全停放,进出缓慢,扣3分<br>③因停车位数量不足,导致车辆不能安全停放,进出困难,造成服务区拥堵,扣5分<br>④若出现监控设备异常、故障,录像文件缺失及无监控资料可查等情况,分别扣除2分 | ★重大节假日或因道路封闭后放行等特殊原因造成车流剧增情况除外;★被公安系统列入天网监控范围,有公安系统出具相关证明的,无须调阅监控资料 | 10 | 10 | 10 |

续上表

| 评比内容 | | 服务质量标准 | 评价分值<br>1000 | 记分细则 | 操作说明 | 示范 | 优秀 | 达标 |
|---|---|---|---|---|---|---|---|---|
| 2. 公共场区 | 2.1 基础设施 | (29)停车位实行划区设置,小型客车、大型客车、大型货车分区停放,危险化学品车、牲畜运输车专区停放 | 10 | ①小型客车、大型客车、大型货车停车位未分区,扣5分<br>②未设置危险化学品车或牲畜运输车专用停车位,扣3分<br>③危险化学品车专用停车位或牲畜运输车专用停车位未满足该路段实际需求,扣2分 | | 10 | 10 | 10 |
| | | (30)根据驾乘人员数量和车辆流量配备安保人员,加强疏导,车辆分区按序停放,公共场区秩序良好 | 10 | ①无保安现场指挥、未疏导车辆,扣5分<br>②因安保人员配置不足,致车辆不能安全停放,进出困难,造成服务区拥堵,扣5分<br>③因安保人员配置不足,致车辆不能安全停放,进出缓慢,扣3分<br>④若出现监控设备异常、故障,录像文件缺失及无监控资料可查等情况,分别扣除2分<br>⑤因安保人员配置不足,车辆未做到按位停放,但不影响车辆进出,扣2分<br>⑥每单侧服务区,如发现小型车、大型货车、大型客车、危险品车和牲畜车等停车位尚有空余,车辆未疏导至指定区域或停车位停放,每发现1台扣1分,扣完为止 | ★重大节假日或因道路封闭后放行等特殊原因造成车流剧增情况除外;★被公安系统列入天网监控范围,有公安系统出具相关证明的,无须调阅监控资料 | 10 | 10 | 10 |
| | | (31)照明设施齐全完好,停车区域夜间照明良好、无盲点 | 10 | ①每发现1处照明设施损坏,扣1分<br>②照明设施数量不足,有盲点,扣5分 | | 10 | 10 | 10 |
| | | (32)监控设施设备完好、监控图像清晰完整,监控范围覆盖停车广场和加油站,无盲点 | 10 | ①每发现1处监控设施损坏,扣1分<br>②监控图像不够清晰完整,未按规定保存监控资料,扣3分<br>③监控设施数量不足,有盲点,扣5分<br>④若出现监控设备异常、故障、录像文件缺失及无监控资料可查等情况,分别扣除2分 | ★被公安系统列入天网监控范围,有公安系统出具相关证明的,无须调阅监控资料 | 10 | 10 | 10 |
| | | (33)地面无明显坑槽和病害 | 5 | 坑槽或病害面积大于1$m^2$的,每发现1处扣1分,扣完为止 | | 5 | 5 | 5 |

续上表

| 评比内容 | | 服务质量标准 | 评价分值 1000 | 记分细则 | 操作说明 | 示范 | 优秀 | 达标 |
|---|---|---|---|---|---|---|---|---|
| 2. 公共场区 | 2.1 基础设施 | (34)危险化学品、牲畜运输车专用停车位选址合理安全，根据需求设置长途客运接驳车辆专用停车位 | 10 | ①危险化学品和牲畜运输车专用停车位未独立设置，与其他停车位混合设置，扣 2 分<br>②危险化学品和牲畜运输车专用停车位未做到与加油站、卫生间、主楼、修理厂等设施保持安全距离，扣 3 分<br>③未设置危险化学品停车位或牲畜停车位立面标记的，每发现 1 处扣 1 分<br>④如果服务区有长途客运接驳站，但未设置接驳车辆专用停车位，扣 5 分 | ★对于交警部门明令禁止危化品车、牲畜车行驶的路段，服务区可不设置相关停车位；★安全距离不少于 10m | 10 | — | — |
| | | (35)设置室外休息区或简易休息设施，方便驾乘人员临时休息 | 5 | ①无设置休息区或休息设施，扣 5 分<br>②休息设施损坏无法使用，每发现 1 处扣 1 分 | | 5 | 5 | — |
| | | (36)利用有效空间，宣传交通政策法规，倡导文明驾驶、安全出行 | 5 | ①无设置宣传标识，扣 5 分<br>②宣传标识不规范、不美观、有破损现象，每处扣 1 分 | ★标识规范性以符合国家、省级或本单位统一视觉设计标识系统判断 | 5 | 5 | — |
| | 2.2 环境卫生 | (37)地面、草坪内干净，无垃圾、杂物、积水 | 10 | ①同一场区，地面或草坪发现烟头、纸屑、垃圾、杂物等明显污迹 5 处(含)以下不扣分，5 处以上每再发现 1 处问题扣 1 分<br>②积水面积达 $1m^2$ 以上的，每处扣 2 分 | | 10 | 10 | 10 |
| | | (38)垃圾箱外表整洁，分布均匀合理，美观适用，能实现分类回收，箱内垃圾不超过 2/3 | 10 | ①垃圾箱分布不均匀不合理，扣 3 分<br>②垃圾超过 2/3 但未溢出，每发现 1 处问题扣 2 分<br>③垃圾已溢出，每发现 1 处扣 3 分 | | 10 | 10 | 10 |

续上表

| 评比内容 | | 服务质量标准 | 评价分值 1000 | 记分细则 | 操作说明 | 示范 | 优秀 | 达标 |
|---|---|---|---|---|---|---|---|---|
| 2.公共场区 | 2.2 环境卫生 | (38)垃圾箱外表整洁,分布均匀合理,美观适用,能实现分类回收,箱内垃圾不超过2/3 | 10 | ④不能做到垃圾分类回收的,扣3分<br>⑤外表有污渍,不整洁、不美观的,每发现1处扣2分 | | 10 | 10 | 10 |
| | | (39)各类灯箱、牌匾、指示牌等悬挂物内容规范、整洁、无破损 | 5 | 不规范、不美观、有破损现象,每处扣1分 | ★标识规范性以符合国家、省级或本单位统一视觉设计标识系统判断 | 5 | 5 | 5 |
| | | (40)绿化效果好,绿化区域无黄土裸露、无杂草杂物 | 5 | ①绿化植被枯死、绿化区黄土裸露均达到$1m^2$以上的,每发现1处扣0.2分<br>②绿化区域有杂草、杂物,每发现1处扣1分 | | 5 | 5 | 5 |
| | | (41)无非法摆摊设点现象 | 5 | ①每发现1处扣2分<br>②合法摆摊但不规范合理的,每发现1处扣1分 | ★非法摆摊设点是指流动商贩、附近村民等开展的非服务区经营行为,例如流动销售水果、盒饭、书刊、望远镜,流动补车等 | 5 | 5 | 5 |
| | 2.3 文明服务 | (42)24h免费开放 | 10 | 未做到24h开放或有收费行为,扣10分 | | 10 | 10 | 10 |
| | | (43)工作人员着统一工装、佩戴工牌,仪容仪表整洁、姿态端正,无聚众聊天、玩手机等与工作无关的行为 | 5 | 参照第(24)条的记分细则执行 | | 5 | 5 | 5 |
| | | (44)重大节假日期间加派人员,疏导车辆,维护秩序 | 10 | ①车辆严重拥堵,进出不畅,且现场无工作人员进行疏导,扣5分<br>②不能提供黄金周等重大节假日管理制度或应急预案,扣5分 | | 10 | 10 | — |
| | | (45)实行专业化物业管理和标准化作业 | 10 | ①无规章制度和操作规程,扣5分<br>②无痕迹化监督检查记录,扣2分 | ★提供停车广场专业化物业管理规章制度和操作规程;★提供最近3个月的痕迹化检查监督记录;★随机抽查1名保洁员工 | 10 | — | — |

续上表

| 评比内容 | | 服务质量标准 | 评价分值 1000 | 记分细则 | 操作说明 | 示范 | 优秀 | 达标 |
|---|---|---|---|---|---|---|---|---|
| 2. 公共场区 | 2.3 文明服务 | (45)实行专业化物业管理和标准化作业 | 10 | ③迹化记录不齐全、不规范,扣 1 分 | ★提供停车广场专业化物业管理规章制度和操作规程;★提供最近 3 个月的痕迹化检查监督记录;★随机抽查 1 名保洁员工 | 10 | — | — |
| | | | | ④无任何专业化保洁工具和清洁用品,扣 2 分 | | | | |
| | | | | ⑤员工不能熟练掌握卫生清洁工作方法,扣 2 分 | | | | |
| | 2.4 安全管理 | (46)配有符合消防部门要求的消防器材。各类消防器材完好可用。灭火器有托架,与地面距离符合标准,消防器材指示标志清晰 | 10 | ①配备的消防器材不符合标准或不可用,每处扣 2 分 | | 10 | 10 | 10 |
| | | | | ②未设置清晰的消防器材指示标识,扣 2 分 | | | | |
| | | | | ③未配备消防器材,扣 10 分 | | | | |
| | | (47)自备水源和二次供水水质符合国家标准。二次供水蓄水池设施符合卫生要求,定期进行清洗消毒 | 10 | ①水源未采取安全有效的保护措施,扣 5 分 | ★参照《生活饮用水卫生标准》(GB 5749—2006)有关规定 | 10 | 10 | 10 |
| | | | | ②供水、蓄水设施设备不能有效使用,扣 2 分 | | | | |
| | | | | ③水源无专人管理,扣 1 分 | | | | |
| | | | | ④无定期清洗消毒记录,或记录不齐全,扣 1 分 | | | | |
| | | (48)保安全天候值守,严格执行巡检制度,巡检记录内容完整可查 | 5 | ①不能提供巡检制度,扣 2 分 | ★提供保安巡检制度;★提供最近 3 个月痕迹化巡检记录;★每天巡检次数最少为 6 次 | 5 | 5 | — |
| | | | | ②不能提供巡检记录,扣 2 分 | | | | |
| | | | | ③巡检记录内容不齐全或不规范,扣 1 分 | | | | |
| | 公共场区部分合计 | | 190 | | | 190 | 170 | 145 |

续上表

| 评比内容 | | 服务质量标准 | 评价分值<br>1000 | 记分细则 | 操作说明 | 示范 | 优秀 | 达标 |
|---|---|---|---|---|---|---|---|---|
| 3. 餐饮 | 3.1 基础设施 | (49)证照齐全,经营许可证等证照按相关部门要求在明显位置公开悬挂 | 5 | ①证照齐全,但未按规定悬挂于明显位置,每发现1处扣1分<br>②证照不全,每少1处扣2分 | ★要求证照在有效期之内 | 5 | 5 | 5 |
| | | (50)用餐位与日常旅客峰值相适应,能够满足非重大节假日驾乘人员就餐需要 | 5 | ①因就餐位数量少造成顾客排队等餐超过15min(含)的,扣5分<br>②因就餐位数量少造成顾客排队等餐低于15min但超过10min(含)的,扣3分<br>③若出现监控设备异常、故障,录像文件缺失及无监控资料可查等情况,分别扣除2分 | ★因道路封闭后放行、大型客车集中停留等特殊原因造成大量顾客进入餐厅的情况除外;★被公安系统列入天网监控范围,有公安系统出具相关证明的,无须调阅监控资料 | 5 | 5 | 5 |
| | | (51)餐桌椅完好,无破损残缺,色感清洁温暖 | 5 | 每发现1处问题扣1分 | | 5 | 5 | 5 |
| | 3.2 环境卫生 | (52)餐厅光线良好,温度适宜,空气清新、无异味、无蚊蝇 | 10 | ①每发现1处光线昏暗问题,扣3分<br>②每发现1处有异味,扣3分<br>③同一餐厅,蚊蝇3只(含)以下不扣分,3只以上每多发现1只扣2分<br>④冬季室内温度低于16℃,夏季室内温度高于28℃,扣3分<br>⑤未设置温度计或温度计损坏无法正常显示温度的,扣3分 | ★要求门窗通透通风 | 10 | 10 | 10 |
| | | (53)餐厅地面洁净,无垃圾、杂物、积水、痰迹、污渍,桌椅和餐具干净、卫生、整洁 | 10 | ①不能提供卫生管理办法,扣5分<br>②不能提供痕迹化检查记录,扣2分<br>③痕迹化记录不齐全、不规范,扣1分<br>④员工不能熟练掌握卫生工作方法,扣2分<br>⑤现场检查每发现1处问题扣1分 | ★卫生管理办法包括:日常与计划卫生管理、标准化操作流程、检查和奖罚制度;★要求提供最近3个月的痕迹化检查记录;★检查人员现场随机抽取1名员工提问;★检查人员现场检查地面、桌椅和餐具 | 10 | 10 | 10 |

续上表

| 评比内容 | | 服务质量标准 | 评价分值<br>1000 | 记分细则 | 操作说明 | 示范 | 优秀 | 达标 |
|---|---|---|---|---|---|---|---|---|
| 3. 餐饮 | 3.3 文明服务 | (54)员工着统一工装、佩戴工牌,仪容仪表整洁、姿态端正。接待顾客主动热情,规范使用服务用语。上岗期间无聚众聊天、玩手机等与工作无关的行为 | 10 | 参照第(24)条的记分细则执行 | | 10 | 10 | 10 |
| | | (55)明码标价,一货一签,公平交易,无强买强卖现象 | 10 | ①发生强买强卖现象,扣 10 分<br>②商品未标明价签公示价格,每处扣 2 分<br>③同一商品有多个不同价格的价签,每处扣 1 分<br>④价格标签不符合标价规定的,每处扣 2 分 | ★严格执行国家发改委《关于商品和服务实行明码标价的规定》(以下简称《标价规定》)有关要求 | 10 | 10 | 10 |
| | | (56)能够按规定开具发票 | 5 | 不能现场开具发票,扣 5 分 | ★税务机关升级程序无法正常提供发票情况除外;★现场查看机打发票设备是否好用,或者能提供手写发票 | 5 | 5 | 5 |
| | | (57)正餐时间外,能提供简单餐饮服务 | 5 | ①正餐时间外不能提供简餐服务且便利店也无法提供食物,扣 5 分<br>②正餐时间外不能提供简餐服务,但便利店能提供食物,扣 2 分 | | 5 | 5 | 5 |
| | | (58)餐饮特色化,提供具有地方特色的食品 | 5 | ①无任何本地特色菜品,扣 5 分<br>②仅能提供 1 种本地特色菜品,扣 4 分<br>③仅能提供 2 种本地特色菜品,扣 3 分<br>④仅能提供 3 种本地特色菜品,扣 2 分 | ★要求餐厅提供的地方特色菜品数量不少于 4 种(含) | 5 | 5 | — |

续上表

| 评比内容 | | 服务质量标准 | 评价分值<br>1000 | 记分细则 | 操作说明 | 示范 | 优秀 | 达标 |
|---|---|---|---|---|---|---|---|---|
| 3. 餐饮 | 3.3 文明服务 | (59)餐饮多样化。中餐、快餐菜品数量达到20种以上 | 5 | ①要求餐饮业态达到3种(含)以上,每少1种业态,扣1分<br>②自助餐菜品数量未达到20种,每少2种扣1分<br>③零点餐菜品数量未达到20种,每少2种扣1分<br>④快餐菜品数量未达到8种,每少1种扣1分 | ★餐饮业态包括零点餐、自助餐、快餐、风味小吃、咖啡吧等;★同一餐厅可以有多种业态,例如可以在零点餐厅设置风味小吃档口等 | 5 | 5 | — |
| | | (60)引进知名品牌,创建自主品牌,实行品牌化经营管理 | 5 | 未引进任何国际、国内知名餐饮品牌或未创建自主餐饮品牌,扣5分 | | 5 | — | — |
| | 3.4 安全管理 | (61)配有符合消防部门要求的消防器材,各类消防器材完好可用。灭火器有托架,与地面距离符合标准 | 10 | ①配备的消防器材不符合标准或不可用,每处扣2分<br>②未配备消防器材,扣10分 | ★在遵循"安全美观、方便使用"的基础上,根据实际使用情况,采用托架、灭火器箱等方式放置,须符合国家或者所在省份的统一规定和要求 | 10 | 10 | 10 |
| | | (62)食材进货渠道符合餐饮业相关法规,实行索证和台账管理制度。无假冒伪劣商品 | 10 | ①不能提供索证和进货台账,扣2分<br>②索证和进货台账填写不齐全、不规范,扣1分<br>③发现假冒伪劣商品,每处扣5分 | ★索证应包括生产、销售商资质,食品检测报告和禽类、肉类卫生检疫证明等 | 10 | 10 | 10 |
| | | (63)各种食品、调料、配料质量合格,无发霉、污染、变质、过期等现象,产品外包装符合相关规定 | 10 | ①有发霉、污染、变质、过期等现象,每发现1处扣10分<br>②产品外包装不符合相关规定,每发现1处扣2分 | ★随机抽检5种样品;★参照《中华人民共和国产品质量法》对于产品外包装的规定 | 10 | 10 | 10 |
| | | (64)食品生产经营从业人员定期体检并获得健康检查合格证明,保持良好的个人卫生习惯,健康合格证在餐厅明显位置公示 | 5 | 无健康证或健康证过期,每发现1处扣1分 | | 5 | 5 | 5 |

续上表

| 评比内容 | | 服务质量标准 | 评价分值<br>1000 | 记分细则 | 操作说明 | 示范 | 优秀 | 达标 |
|---|---|---|---|---|---|---|---|---|
| 3. 餐饮 | 3.4 安全管理 | (65)餐具按照规定消毒；后厨案板、刀具储藏按生、熟、荤、素分区管理 | 5 | ①后厨案板、刀具等管理，每发现 1 处问题扣 1 分<br>②负责餐具消毒员工无法准确回答消毒作业流程，扣 2 分<br>③菜品未分类存放，冰箱、冷藏柜未做到生、熟、荤、素等相互隔离的，每发现 1 处扣 2 分<br>④成品、熟制品未采取卫生保护措施，且与其他物品有混放现象的，每发现 1 处问题，扣 2 分<br>⑤调库、酒水库、主食库、杂品库未分区域设置的，每发现 1 处扣 2 分 | ★检查人员随机抽取 1 名消毒工进行关于消毒作业流程方面的提问 | 5 | 5 | 5 |
| | | (66)餐厅设置警示标志，提醒驾驶人员不要购买和饮用酒类饮品 | 10 | ①销售酒类饮品且未设置警示、提醒标志，扣 10 分<br>②销售酒类饮品，但设置警示、提醒标志，扣 3 分<br>③不销售酒类饮品，未设置警示、提醒标志，扣 2 分<br>④不销售酒类饮品，且设置警示、提醒标志，不扣分<br>⑤警示、提醒标志不规范或位置不明显，扣 1 分 | ★是否销售酒类饮品，明察需要检查吧台摆放、菜谱和库房 3 处区域；★暗访检查可以由检查人员直接点餐判断；★标志规范性以符合国家、省级或本单位统一视觉设计标志系统判断 | 10 | — | — |
| | 餐饮部分合计 | | 130 | | | 130 | 115 | 105 |

续上表

| 评比内容 | | 服务质量标准 | 评价分值 1000 | 记分细则 | 操作说明 | 示范 | 优秀 | 达标 |
|---|---|---|---|---|---|---|---|---|
| 4. 便利店 | 4.1 基础设施 | (67)证照齐全,并按相关部门要求在明显位置公开悬挂 | 5 | ①证照齐全,但未按规定悬挂于明显位置,每发现1处扣1分 | ★证照在有效期之内 | 5 | 5 | 5 |
| | | | | ②证照不全,每少1处扣2分 | | | | |
| | | (68)设有便利店,且便利店总使用面积达到100m² 以上 | 5 | 便利店总使用面积不足100m²,扣2分 | ★总使用面积指服务区所有便利店使用面积的总和(不包括便利店仓库面积) | 5 | 5 | 5 |
| | 4.2 环境卫生 | (69)空气清新、无异味、无蚊蝇、光线良好、温度适宜 | 5 | ①每发现1处光线昏暗问题,扣3分 | ★门窗通透通风 | 5 | 5 | 5 |
| | | | | ②每发现1处有异味,扣3分 | | | | |
| | | | | ③同一餐厅,发现蚊蝇3只(含)以下不扣分,3只以上每多发现1只扣2分 | | | | |
| | | | | ④冬季室内温度低于16℃,夏季室内温度高于28℃,扣3分 | | | | |
| | | | | ⑤未设置温度计或温度计损坏无法正常显示温度的,扣3分 | | | | |
| | | (70)地面洁净,无垃圾、杂物、痰迹、污渍 | 5 | 每发现1处问题扣1分 | | 5 | 5 | 5 |
| | 4.3 文明服务 | (71)能为驾乘人员提供全天候服务 | 10 | 未能提供全天候服务,扣10分 | | 10 | 10 | 10 |
| | | (72)经销的各类商品符合法律法规要求,无假冒伪劣商品 | 10 | 每发现1处问题扣2分 | ★商品应标注:产品类型、净含量、配料表、生产厂家、地址、商标、生产许可证编码、QS(企业食品生产许可)标识、生产日期、有效期等 | 10 | 10 | 10 |
| | | (73)明码标价,一货一签,公平交易,无强买强卖现象 | 10 | ①发生强买强卖现象,扣10分 | ★严格执行国家发改委《标价规定》有关要求 | 10 | 10 | 10 |
| | | | | ②商品未标明价签公示价格,每处扣2分 | | | | |
| | | | | ③同一商品有多个不同价格的价签,每处扣1分 | | | | |

续上表

| 评比内容 | | 服务质量标准 | 评价分值 1000 | 记分细则 | 操作说明 | 示范 | 优秀 | 达标 |
|---|---|---|---|---|---|---|---|---|
| 4. 便利店 | 4.3 文明服务 | (73)明码标价,一货一签,公平交易,无强买强卖现象 | 10 | ④价格标签标注不符合《标价规定》的,每处扣2分 | ★严格执行国家发改委《标价规定》有关要求 | 10 | 10 | 10 |
| | | (74)能够按规定开具发票 | 5 | 不能现场开具发票,扣5分 | ★税务机关升级程序无法正常提供发票情况除外;★现场查看机打发票设备是否好用,或者能提供手写发票 | 5 | 5 | 5 |
| | | (75)员工着统一工装、佩戴工牌,仪容仪表整洁、姿态端正。接待顾客主动热情,规范使用服务用语。上岗期间无聚众聊天、玩手机等与工作无关的行为 | 10 | 参照第(24)条标准的记分细则执行 | | 10 | 10 | 10 |
| | | (76)商品种类丰富,包括食品类、日用品类以及烟酒类达到300种以上 | 10 | 商品数量不足300种,每少10种扣1分 | ★要求提供销售商品清单,由检查人员进行核对 | 10 | 10 | — |
| | | (77)结合地域与文化特色,配置有地方特色商品专柜 | 5 | ①未销售任何地方特色商品,扣5分<br>②未设置地方特色商品专柜,但能提供地方特色商品,扣2分 | ★有独立特产店的,在特产店检查此项 | 5 | 5 | — |
| | | (78)瓶装水和方便面等大众化商品实行"同城同价" | 5 | ①不能提供"同城同价"相关管理制度,扣2分<br>②不能提供服务区物价检查记录,扣2分<br>③物价检查记录不规范、不整齐,扣1分<br>④商品售价高于当地便利店平均价格水平,每发现1种商品扣2分 | | 5 | — | — |

续上表

| 评比内容 | | 服务质量标准 | 评价分值<br>1000 | 记 分 细 则 | 操 作 说 明 | 示范 | 优秀 | 达标 |
|---|---|---|---|---|---|---|---|---|
| 4. 便利店 | 4.3 文明服务 | (79)配有符合消防部门要求的消防器材。各类消防器材完好可用。灭火器有托架,与地面距离符合标准 | 10 | ①配备的消防器材不符合标准或不可用,每处扣2分<br>②未配备消防器材,扣10分 | | 10 | 10 | 10 |
| | | (80)各种商品生产厂家、地址、商标、生产许可证编码、生产日期、有效期齐全。食品类商品带有QS标识,符合《中华人民共和国食品安全法》规定 | 10 | 每发现1处问题扣2分 | ★根据最新《食品生产许可管理办法》规定,2018年10月1日以后QS标识将被SC(新版QS食品许可证)标识取代,目前正处于3年过渡期内,在此期间,食品类商品带有QS标志或SC标志其一,即视为符合要求 | 10 | 10 | 10 |
| | | (81)各种食品、调料、配料质量合格,无发霉、污染、变质、过期等现象 | 10 | ①有发霉、污染、变质、过期等现象,每发现一件次扣10分<br>②商品外包装不符合相关规定,每发现1处扣2分 | ★实际检查中,重点检查食品、饮品、小吃等质量问题 | 10 | 10 | 10 |
| | | (82)食品生产经营从业人员定期体检并获得健康检查合格证明。健康合格证在明显位置公示 | 5 | 无健康证或健康证过期,每发现1处扣1分 | | 5 | 5 | 5 |
| | 便利店部分合计 | | 120 | | | 120 | 115 | 100 |
| 5. 加油(气)站、充电站 | 5.1 基础设施 | (83)证照齐全,并按相关部门要求在明显位置公开悬挂 | 5 | ①证照齐全,但未按规定悬挂于明显位置,每发现1处扣1分<br>②证照不全,每少1处扣2分<br>③设有加气站或充电站,未领取营业执照的,扣2分 | ★证照在有效期之内 | 5 | 5 | 5 |
| | | (84)加油枪数量按照路段交通流量配置,能够满足日常加油需要 | 5 | ①不能满足车辆用汽油和柴油标号需求,扣3分<br>②排队车辆超过5台,且有同标号加油设备闲置不使用,扣2分 | ★卸油作业及静置期除外 | 5 | 5 | 5 |

续上表

| 评比内容 | | 服务质量标准 | 评价分值 1000 | 记分细则 | 操作说明 | 示范 | 优秀 | 达标 |
|---|---|---|---|---|---|---|---|---|
| 5.加油（气）站、充电站 | 5.1 基础设施 | （85）加油机、加油枪设备完好，能够正常工作 | 5 | 每发现1处问题扣1分 | | 5 | 5 | 5 |
| | | （86）设有加气站或充电站并正常运行 | 5 | 既没有加气站又没有充电站，扣5分 | ★加气站、充电站不能使用视为未设置；★国家相关部门未规划设置的除外 | 5 | — | — |
| | 5.2 环境卫生 | （87）地面洁净，无垃圾、杂物、积水、痰迹、污渍 | 5 | 每发现1处问题扣1分 | | 5 | 5 | 5 |
| | | （88）各类设施设备干净整洁 | 5 | 每发现1处问题扣1分 | | 5 | 5 | 5 |
| | 5.3 文明服务 | （89）能够提供全天候加油服务 | 10 | 未提供全天候服务，扣10分 | | 10 | 10 | 10 |
| | | （90）经销的油、气、电符合国家质量标准 | 5 | 不能提供油、气、电等商品的质检合格报告，扣5分 | | 5 | 5 | 5 |
| | | （91）公平交易，能够按规定开具发票 | 10 | 不能提供发票，扣10分 | ★税务机关升级程序无法正常提供发票情况除外；★现场查看机打发票设备是否好用，或者能提供手写发票 | 10 | 10 | 10 |
| | | （92）公示油品和天然气的标号和价格，实行“同城同价” | 10 | ①不能提供物价检查记录，扣2分<br>②未公示油品和天然气的标号和价格，扣5分<br>③销售价格超过国家最高限定价格标准的，扣5分 | ★实际操作中，“按照公示油品和天然气的标号和价格，执行国家最高限定价格”来检查 | 10 | 10 | 10 |
| | | （93）员工着统一工装、佩戴工牌，仪容仪表整洁、姿态端正。接待顾客主动热情，规范使用服务用语。上岗期间无聚众聊天、玩手机等与工作无关的行为 | 10 | 参照第（24）条标准的记分细则执行 | | 10 | 10 | 10 |

续上表

| 评比内容 | | 服务质量标准 | 评价分值<br>1000 | 记分细则 | 操作说明 | 示范 | 优秀 | 达标 |
|---|---|---|---|---|---|---|---|---|
| 5.加油(气)站、充电站 | 5.4 安全服务 | (94)配有符合消防部门要求的消防器材。各类消防器材完好可用,灭火器有托架,与地面距离符合标准 | 10 | ①配备的消防器材不符合标准或不可用,每处扣2分<br>②未配备消防器材,扣10分 | | 10 | 10 | 10 |
| | | (95)加油站、加气站设有防火墙、安全岛、护栏杆,且符合消防标准,消防铁锹、桶、钩及石棉毯等配置齐全 | 5 | 每缺少1项扣2分 | ★防火墙应依据当地消防部门要求和所处实际环境需求确定是否需要设置,具体可视实际情况判定,但必须符合国家或所在省份的统一规定和要求 | 5 | 5 | 5 |
| | | (96)罐区、卸油口配备符合地方管理标准的消防物品 | 5 | 每发现少1样物品扣1分 | ★要求设置消防锹、消防桶、消防砂箱、石棉毯、灭火器 | 5 | 5 | 5 |
| | | (97)设置明显的禁火、防辐射、安全警示标志 | 5 | 每缺少1项扣2分 | | 5 | 5 | 5 |
| | | (98)室内外无吸烟及存放易燃易爆等危险品现象 | 10 | 每发现1处问题扣2分 | | 10 | 10 | 10 |
| | 加油(气)站、充电站部分合计 | | 110 | | | 110 | 105 | 105 |
| 6.车辆维修站 | 6.1 基础设施 | (99)证照齐全,并按相关部门要求在明显位置公开悬挂 | 5 | ①证照齐全,但未按规定悬挂于明显位置,每发现1处扣1分<br>②证照不全,每少1处扣2分 | ★证照在有效期之内 | 5 | 5 | 5 |
| | | (100)能提供一般的零件更换、维护维修、充气补胎、更换轮胎、更换机油等服务 | 10 | 根据维修资质规定的经营范围,每缺少1项服务,扣2分 | | 10 | 10 | 10 |
| | 6.2 环境卫生 | (101)地面洁净,无垃圾、杂物、积水、痰迹、污渍 | 5 | 每发现1处问题扣1分 | ★此项检查是指在未维修期间;在维修作业时,符合有关规定要求的,即视为符合要求 | 5 | 5 | 5 |
| | | (102)各类设施设备表面干净整洁 | 5 | 每发现1处问题扣1分 | | 5 | 5 | 5 |

续上表

| 评比内容 | | 服务质量标准 | 评价分值 1000 | 记分细则 | 操作说明 | 示范 | 优秀 | 达标 |
|---|---|---|---|---|---|---|---|---|
| 6. 车辆维修站 | 6.3 文明服务 | (103)能够按规定开具发票 | 5 | 不能开具发票,扣5分 | ★税务机关升级程序无法正常提供发票情况除外;★现场查看机打发票设备是否好用,或者能提供手写发票 | 5 | 5 | 5 |
| | | (104)公示工时定额及价格,销售配件做到明码标价,一货一签,维修常用配件实行"同城同价" | 5 | ①不能提供物价检查记录,扣1分<br>②未公示价格明码标价,每处扣2分<br>③同一商品有多个不同价格的价签,每处扣1分 | ★实际操作中,"维修常用配件实行'同城同价'"不做强制性要求 | 5 | 5 | 5 |
| | | (105)员工着统一工装、佩戴工牌,仪容仪表整洁、姿态端正。接待顾客主动热情,规范使用服务用语。上岗期间无聚众聊天、玩手机等与工作无关的行为 | 5 | 参照第(24)条标准的记分细则执行 | ★汽车维修工在维修作业过程中可不佩戴工牌 | 5 | 5 | 5 |
| | | (106)中修以上签订维修协议,严格执行保修条款和质量检验标准,无偷工减料、坑蒙拐骗现象 | 5 | ①未签订维修协议,扣1分<br>②出现偷工减料、坑蒙拐骗现象,扣5分 | | 5 | 5 | 5 |
| | 6.4 安全管理 | (107)配有符合消防部门要求的消防器材。各类消防器材完好可用。灭火器有托架,与地面的距离符合标准 | 10 | ①配备的消防器材不符合标准或不可用,每处扣2分<br>②未配备消防器材,扣10分 | | 10 | 10 | 10 |
| | | (108)有防止高压胎充气过程中钢圈飞出的安全控制措施 | 5 | 未设置安全控制措施,扣5分 | | 5 | 5 | 5 |
| | 车辆维修站部分合计 | | 60 | | | 60 | 60 | 60 |

续上表

| 评比内容 | | 服务质量标准 | 评价分值 1000 | 记分细则 | 操作说明 | 示范 | 优秀 | 达标 |
|---|---|---|---|---|---|---|---|---|
| 7. 客房 | 7.1 基础设施 | (109)配有适应日常实际消费需求的客房或应急用房 | 5 | ①未设置客房或应急用房,扣5分<br>②(双侧)配置的客房或应急房少于4间,扣2分 | | 5 | 5 | 5 |
| | | (110)房间配有彩色电视机。标准间有独立卫生间,多人间有专用卫生间和浴室,24h免费供应热水 | 5 | 每有1项不符合标准扣2分 | | 5 | 5 | 5 |
| | | (111)证照齐全。并按相关部门要求在明显位置公开悬挂 | 5 | ①证照齐全,但未按规定悬挂于明显位置,每发现1处扣1分<br>②证照不全,每少1处扣2分 | ★证照在有效期之内 | 5 | 5 | 5 |
| | 7.2 环境卫生 | (112)房间空气清新、无异味、无蚊蝇,床铺桌椅和照明设施完好,光线良好 | 5 | ①每发现1处光线昏暗问题,扣3分<br>②每发现1处有异味,扣3分<br>③同一餐厅,蚊蝇3只(含)以下不扣分,3只以上每多发现1只扣2分<br>④冬季室内温度低于16℃,夏季室内温度高于28℃,扣3分<br>⑤未设置温度计或温度计损坏无法正常显示温度的,扣3分 | ★蚊蝇3处以下不扣分,3处以上每多发现1处扣2分;★要求门窗通透通风 | 5 | 5 | 5 |
| | | (113)房间每天全面整理1次,并做到“一客一换一消毒” | 5 | ①客房被褥、脸脚盆、茶杯、拖鞋等常用物品损坏或不洁净,每发现1处,扣1分<br>②未设置消毒设备或未提供消毒外包业务票据的,扣2分 | ★标间无须提供脸脚盆 | 5 | 5 | 5 |
| | 7.3 文明服务 | (114)设置价格公示板,明码标价。按规定开具发票 | 5 | ①未设置价格公示板,未明码标价,扣2分<br>②不能开具发票,扣5分 | ★税务机关升级程序无法正常提供发票情况除外;★现场查看机打发票设备是否好用,或者能提供手写发票 | 5 | 5 | 5 |

续上表

| 评比内容 | | 服务质量标准 | 评价分值 1000 | 记分细则 | 操作说明 | 示范 | 优秀 | 达标 |
| --- | --- | --- | --- | --- | --- | --- | --- | --- |
| 7. 客房 | 7.3 文明服务 | (115)员工着统一工装、佩戴工牌,仪容整洁、姿态端正。接待顾客主动热情,规范使用服务用语。无聚众聊天、玩手机等与工作无关行为 | 5 | 参照第(24)条标准的记分细则执行 | | 5 | 5 | 5 |
| | 7.4 安全管理 | (116)配有符合消防部门要求的消防器材。各类消防器材完好可用。灭火器有托架,与地面距离符合标准 | 5 | ①配备的消防器材不符合标准或不可用,每处扣2分<br>②未配备消防器材,扣5分 | | 5 | 5 | 5 |
| | | (117)安全通道畅通,火灾逃生路线指示图清晰准确 | 5 | ①没有安全通道或通道封闭、堵塞,扣3分<br>②没有火灾逃生路线指示图或不清晰、不准确,扣2分 | | 5 | 5 | 5 |
| | | (118)实行顾客入住实名登记制度 | 5 | ①未实行实名登记制度,扣5分<br>②有实名登记制度,但不能提供实名登记记录,扣2分<br>③登记记录填写不齐全、不规范,每处扣1分 | ★要求提供最近3个月客房实名登记记录 | 5 | 5 | 5 |
| | 客房部分合计 | | 50 | | | 50 | 50 | 50 |
| 8. 综合服务 | 8.1 信息化 | (119)提供高速公路线路查询服务 | 5 | ①未建立有效的信息管理系统,扣5分<br>②已建立信息系统,但因设备故障、无人受理、网络中断等原因无法及时获取相关信息,扣2分 | ★查询方式不限 | 5 | 5 | 5 |
| | | (120)在显著位置设置咨询服务台,并有广播呼叫系统设施 | 5 | ①未设置咨询服务台,扣3分<br>②未设置广播呼叫系统设施,扣2分 | | 5 | 5 | — |

续上表

| 评比内容 | | 服务质量标准 | 评价分值 1000 | 记分细则 | 操作说明 | 示范 | 优秀 | 达标 |
|---|---|---|---|---|---|---|---|---|
| 8.综合服务 | 8.1 信息化 | (121)提供天气查询服务 | 5 | ①未建立有效的信息管理系统,扣5分<br>②已建立信息系统,但因设备故障、无人受理、网络中断等原因无法及时获取相关信息,扣2分 | ★查询方式不限 | 5 | 5 | — |
| | | (122)提供高速公路路况查询服务 | 5 | ①未建立有效的信息管理系统,扣5分<br>②已建立信息系统,但因设备故障、无人受理、网络中断等原因无法及时获取相关信息,扣2分 | ★查询方式不限 | 5 | 5 | — |
| | | (123)提供免费Wi-Fi(无线保真)网络服务 | 5 | ①未提供免费Wi-Fi网络服务,扣5分<br>②网络信号未能覆盖卫生间、便利店、餐厅、室内休息区,每少1个区域扣1分<br>③在Wi-Fi网络信号覆盖的场所未设置标识,扣1分 | ★标识规范性以符合国家、省级或本单位统一视觉设计标识系统判断 | 5 | — | — |
| | | (124)提供停车区剩余停车位信息 | 5 | ①未建立有效的信息管理系统,扣5分<br>②已建立信息系统,但因设备故障、网络中断等原因无法及时显示相关信息,扣2分 | | 5 | — | — |
| | | (125)提供周边旅游及美食信息查询服务 | 5 | ①如果不能提供周边或沿途旅游景区信息,扣3分<br>②如果不能提供周边或沿途美食信息,扣2分 | ★查询方式不限 | 5 | — | — |
| | | (126)有官方网站,信息更新及时,随时受理顾客查询或提问 | 5 | 有独立网站且信息更新及时,或者无独立网站,但在高速公路管理部门、服务区运营管理单位官网下设子页面或创建有微信公众号,能迅速查询到服务区信息且信息更新及时的,不扣分;不符合前述要求的,扣5分 | ★要求提供链接地址 | 5 | — | — |

续上表

| 评比内容 | | 服务质量标准 | 评价分值<br>1000 | 记分细则 | 操作说明 | 示范 | 优秀 | 达标 |
|---|---|---|---|---|---|---|---|---|
| 8. 综合服务 | 8.2 人性化 | (127)24h 提供免费饮用开水 | 15 | ①不能 24h 提供免费饮用开水的,扣 15 分<br>②开水设备损坏无法正常使用的,扣 5 分<br>③开水供应处卫生环境差的,扣 5 分<br>④开水供应处没有清晰的指示标识或标识不规范的,扣 2 分 | ★标识规范性以符合国家、省级或本单位统一视觉设计标识系统判断 | 15 | 15 | 15 |
| | | (128)有残疾人专用通道 | 5 | ①无残疾人专用通道,扣 5 分<br>②残疾人专用通道被遮挡、占用无法通行,扣 2 分 | | 5 | 5 | 5 |
| | | (129)提供简单的非处方类药品 | 5 | ①不能免费提供任何简单的非处方药,扣 5 分<br>②仅能免费提供 1 种简单的非处方药,扣 3 分<br>③仅能免费提供 2 种简单的非处方药,扣 1 分 | ★提供创可贴、绷带等物理外用医疗用品 | 5 | — | — |
| | | (130)设置母婴室 | 5 | ①不能提供母婴室,扣 5 分<br>②母婴室不私密的,扣 2 分<br>③母婴室设施缺失或损坏的,每处扣 1 分<br>④必要的用品用具及设施配备不齐全,每发现 1 处扣 2 分<br>⑤冬季室内温度低于 16℃,夏季室内温度高于 28℃,扣 3 分<br>⑥未做到 24h 开放,扣 2 分 | ★母婴室要求在公共区域设置,且有私密的空间,配置大人及宝宝座椅、操作台、电源插座、饮水机、垃圾桶、洗手池等设施设备 | 5 | 5 | — |

续上表

| 评比内容 | | 服务质量标准 | 评价分值<br>1000 | 记分细则 | 操作说明 | 示范 | 优秀 | 达标 |
|---|---|---|---|---|---|---|---|---|
| 8. 综合服务 | 8.3 监督与投诉 | (131)设立监督公示栏,公示服务区、管理单位和上级主管部门的监督电话;服务区的监督电话24h有人接听,有效投诉反馈率达到100% | 10 | ①设立监督公示栏,公示服务区、管理单位和上级主管部门的监督电话,但监督电话无人接听,扣2分<br>②未规范设立监督公示栏,未公示本服务区、管理单位和上级主管部门的监督电话,每少1项扣2分 | | 10 | 10 | 10 |
| | 综合服务部分合计 | | 80 | | | 80 | 55 | 35 |
| 9. 基础管理 | 9.1 制度建设 | (132)建立服务区行业管理标准 | 5 | ①管理标准应涵盖卫生间、公共场区、餐厅、便利店、加油站(加气、充电站)、客房、汽修厂等区域,每缺少1个区域扣1分<br>②管理标准缺乏可操作性,扣2分 | ★服务区未设置的功能(如客房)可不设定专项标准 | 5 | 5 | 5 |
| | | (133)制定科学有效的监督检查机制,高速公路经营管理单位按期开展服务区日常管理及服务质量考核 | 5 | ①未制定监督检查和考核制度,扣5分<br>②不能提供痕迹化检查和考核记录,扣2分<br>③痕迹化记录不健全,不完善,扣1分 | ★提供最近3个月痕迹化检查和考核记录 | 5 | 5 | 5 |
| | | (134)完善突发事件应急预案,提高突发事件应对能力,定期组织演练 | 5 | ①不能提供火灾、食品中毒、治安事件、交通事故、恶劣天气、自然灾害应急预案,每缺少1项扣1分<br>②不能提供应急预案演练痕迹化记录,扣2分<br>③应急演练痕迹化记录不健全、不完善,扣1分 | ★要求提供最近3个月痕迹化演练记录,记录至少有预案中的2项,且包含演练内容、演练过程、参与人员及演练结果 | 5 | 5 | 5 |
| | | (135)引进专业化团队或知名品牌企业参与经营,开放服务区市场,完善竞争机制 | 5 | 未引入1项专业化团队或知名品牌企业参与经营管理的,扣5分 | ★专业化团队或知名品牌企业包括旅游酒店类、商业零售类、汽车维修类、物业管理类等项目 | 5 | 5 | — |
| | 9.2 员工保障 | (136)满足员工的住宿和洗浴需求 | 5 | ①无员工宿舍,扣3分<br>②无员工浴池(室),或设备损坏无法使用,扣2分 | | 5 | 5 | 5 |

续上表

| 评比内容 | | 服务质量标准 | 评价分值 1000 | 记分细则 | 操作说明 | 示范 | 优秀 | 达标 |
|---|---|---|---|---|---|---|---|---|
| 9.基础管理 | 9.2 员工保障 | (137)满足员工的就餐需求 | 5 | 未制定员工伙食标准和菜谱,扣2分 | | 5 | 5 | 5 |
| | | (138)与员工依法签订劳动合同 | 5 | 每缺少1份劳动合同扣1分 | ★服务区提供所有员工的花名册,考评组专家从中随机抽取检查是否签订了合同,外租摊位员工与用工单位之间签订的合同可用复印件代替 | 5 | 5 | 5 |
| | | (139)员工工资不低于当地最低工资标准 | 5 | 每发现1名员工全勤工资低于当地最低工资标准,扣2分 | ★提供的最近一期员工工资表和当地最低工资标准文件,检查人员进行比对 | 5 | 5 | 5 |
| | 9.3 生态环境建设 | (140)污水排放达标 | 5 | ①污水处理设备不齐全或不能正常运行,扣5分<br>②不能提供污水处理的痕迹化记录,扣2分<br>③痕迹化记录不齐全、不规范,扣1分<br>④处理后的污水未达到国家二级类排放标准,扣5分 | | 5 | 5 | 5 |
| | | (141)生活垃圾集中无害化处理 | 10 | ①纳入当地市政垃圾清运系统,并能出示相关证明材料,不扣分<br>②自行处理垃圾,且方式和设备符合国家环保部门规定,能提供相关材料,不扣分<br>③无法对生活垃圾进行集中无害化处理,扣5分 | | 10 | 10 | — |
| | | (142)积极推广应用各类节能、环保和循环利用技术 | 5 | ①服务区节能、环保或循环利用技术应用多于(含)3种的,不扣分<br>②服务区节能、环保或循环利用技术应用只有2种的,扣2分<br>③服务区节能、环保或循环利用技术应用只有1种的,扣3分<br>④服务区没有应用任何节能、环保或循环利用技术的,扣5分 | ★节能、环保或循环利用技术包括建筑节能、太阳能、风能、绿色照明、光伏发电、中水回用、地源热泵、智能节水等项目 | 5 | — | — |
| | 基础管理部分合计 | | 60 | | | 60 | 55 | 40 |
| 总得分 | | | | | | 1000 | 900 | 800 |

**表 8.5-2　全国高速公路停车区服务质量等级评定记分细则(2017 版)**

编号:YFWQ-33

| 评比内容 | | 服务质量标准 | 评价分值 200 | 记分细则 | 操作说明 | 达标 |
|---|---|---|---|---|---|---|
| 1. 公共卫生间 | 1.1 基础设施 | (1)公共卫生间为水冲式。不具有完整上下水道和粪便处理设施的地区,应设置具有前端处理设施的独立式无害化卫生间 | 10 | ①水冲式卫生间,不扣分<br>②非水冲式卫生间且不符合规定标准,扣 10 分 | ★水冲式指自动或驾乘人员可操作用水冲洗的卫生间;★非水冲洗指卫生间或简易卫生间不是采用水冲洗的卫生间 | 10 |
| | | (2)私密性强,厕位之间有隔断板和门,男厕小便位间设有隔板 | 5 | ①女厕位、男厕大便间没有隔断板和门,每发现 1 处问题,扣 2 分<br>②男厕小便位没有隔板,每发现 1 处问题,扣 1 分<br>③厕位间有隔板,但不符合私密性要求或损坏的,每发现 1 处问题,扣 1 分 | | 5 |
| | | (3)各类便器、洁具、水龙头、灯具、换气设备完好可用,无缺失、破损、锈蚀现象 | 5 | 每发现 1 处此类问题扣 1 分 | ★如果便器、洁具或水龙头损坏正在维修,能通过设置规范的提示牌提醒顾客,不扣分 | 5 |
| | | (4)上下水设施能正常使用,无滴漏、锈蚀现象,排污通畅 | 5 | 每发现 1 处此类问题扣 1 分 | ★如果设备损坏正在维修,能通过设置规范的提示牌提醒顾客,不扣分 | 5 |
| | | (5)地面、墙体、顶棚、门窗无缺失、破损、锈蚀现象 | 5 | 每发现 1 处此类问题扣 1 分 | | 5 |
| | | (6)设置文明用厕宣传标识、标牌 | 5 | ①未设置任何宣传标识,扣 5 分<br>②宣传标识不规范、不美观、有破损现象,每处扣 1 分 | ★标识规范性以符合国家、省级或本单位统一视觉设计标识系统判断 | 5 |
| | | (7)光线良好、空气清新、无异味 | 10 | ①未设置排风系统,或排风系统不能启用,扣 5 分<br>②每发现 1 处光线昏暗或有异味问题,扣 2 分 | ★采用通透建筑结构的卫生间不必设置排风系统 | 10 |

续上表

| 评比内容 | | 服务质量标准 | 评价分值 200 | 记分细则 | 操作说明 | 达标 |
|---|---|---|---|---|---|---|
| 1. 公共卫生间 | 1.2 环境卫生 | (8)地面洁净,无脚印、垃圾、杂物、积水、痰迹、污渍 | 10 | 同一卫生间,发现 3 处(含)以下问题不扣分,3 处以上每再发现 1 处问题扣 1 分 | ★男、女卫生间分别检查,不是同一卫生间(下同);★举例说明:在对某服务区男卫生间的检查过程中,如果发现 3 处及以下数量的脚印或垃圾、杂物,不扣分,发现 4 处扣 2 分,5 处扣 4 分,以此类推;★因道路封闭后放行、大型客车集中停留等特殊原因造成大量顾客进入卫生间的情况,须等待客流量恢复正常后再检查 | 10 |
| | | (9)棚面、墙面、柱面、门窗、台面、镜面等洁净无灰尘、无污物 | 10 | 每发现 1 处此类问题扣 1 分 | | 5 |
| | | (10)各类设施设备干净整洁 | 10 | 每发现 1 处此类问题扣 1 分 | | 10 |
| | | (11)便池挡板干净整洁 | 10 | 每发现 1 处此类问题扣 1 分 | ★便池挡板出现烟渍、刮痕等不可消除的情况除外 | 10 |
| | | (12)便池无水锈、污渍、积便现象 | 10 | ①便池有水锈或污渍,每发现 1 处问题扣 1 分<br>②便池有积便,发现 2 个(含)以下不扣分,2 个以上每再发现一个扣 2 分 | ★操作举例说明同第(15)条 | 10 |
| | | (13)垃圾纸篓统一套袋,纸篓内纸不超过 2/3 | 10 | ①无套袋,每发现 1 处问题扣 1 分<br>②垃圾超过 2/3 但未溢出,每发现 1 处问题扣 2 分<br>③垃圾已溢出,每发现 1 处问题扣 3 分 | | 10 |
| | | (14)无蚊蝇 | 10 | ①未能提供灭蚊蝇制度,扣 5 分<br>②未能提供灭蚊蝇痕迹化记录,扣 2 分<br>③痕迹化记录不齐全或不规范,扣 1 分<br>④同一卫生间,发现 3 只(含)以下蚊蝇不扣分,3 只以上每再发现 1 只扣 1 分 | ★要求提供灭蚊蝇规章制度和最近 3 个月的痕迹化记录 | 10 |
| | | (15)24h 免费开放 | 10 | 未做到 24h 开放或有收费行为,扣 10 分 | | 10 |
| | 公共卫生间部分合计 | | 120 | | | 120 |

续上表

| 评比内容 | | 服务质量标准 | 评价分值 200 | 记分细则 | 操作说明 | 达标 |
|---|---|---|---|---|---|---|
| 2. 公共场区 | 2.1 基础设施 | (16)交通标志标线符合相关标准,齐全清晰 | 10 | ①交通标志不符合国家相关标准,扣5分 | ★参照现行《道路交通标志和标线》(GB 5768)和现行《标志用公共信息图形符号》(GB/T 10001) | 10 |
| | | | | ②公共标志不符合国家相关标准,扣5分 | | |
| | | | | ③检查每发现1处标志标线缺失或不清晰,扣1分 | | |
| | | (17)对停车位、公共卫生间进行交通流线设计,路线明确、简洁、安全 | 10 | ①有交通流线设计,但人流、车流路线不明确,有交叉通行现象,扣5分 | | 10 |
| | | | | ②无交通流线设计,人流、车流线路不明确,存在较大安全隐患,扣10分 | | |
| | | (18)停车位充分利用场地,分区停放、进出方便 | 10 | ①因停车位数量不足,导致车辆不能按位停放,但不影响车辆进出,扣2分 | ★重大节假日或因道路封闭后放行等特殊原因造成车流剧增的情况除外 | 10 |
| | | | | ②因停车位数量不足,导致车辆不能安全停放,进出缓慢,扣3分 | | |
| | | | | ③因停车位数量不足,导致车辆不能安全停放,进出困难,造成服务区拥堵,扣5分 | | |
| | | | | ④无保安或工作人员现场指挥、疏导车辆,扣5分 | | |
| | | (19)照明设施齐全完好,夜间照明良好 | 10 | ①每发现1处照明设施损坏,扣1分 | | 10 |
| | | | | ②照明设施数量不足,有盲点,扣5分 | | |
| | | (20)地面无明显坑槽和病害 | 5 | 每发现1处问题扣1分 | ★坑槽或病害面积大于1m$^2$的,每发现1处扣1分,扣完为止 | 5 |
| | 2.2 环境卫生 | (21)地面、草坪内干净,无垃圾、杂物、积水 | 10 | ①同一场区,地面或草坪发现烟头、纸屑、垃圾、杂物等明显污迹,5处(含)以下不扣分,5处以上每再发现1处扣1分 | | 10 |
| | | | | ②积水面积达1m$^2$以上的,每处扣2分 | | |

续上表

| 评比内容 | | 服务质量标准 | 评价分值 200 | 记分细则 | 操作说明 | 达标 |
|---|---|---|---|---|---|---|
| 2. 公共场区 | 2.2 环境卫生 | (22)垃圾箱外表干净整洁，分布均匀合理，美观适用，箱内垃圾不超过 2/3。垃圾分类回收 | 10 | ①垃圾箱分布不均匀、不合理，扣 3 分 | | 10 |
| | | | | ②垃圾超过 2/3 但未溢出，每发现 1 处扣 2 分 | | |
| | | | | ③垃圾已溢出，每发现 1 处扣 3 分 | | |
| | | | | ④不能做到分类回收的，扣 3 分 | | |
| | | | | ⑤外表有污渍，不整洁、不美观的，每发现 1 处扣 2 分 | | |
| | | (23)各类灯箱、牌匾、指示牌等悬挂物内容规范、整洁、无破损 | 5 | 不规范、不美观、有破损现象，每处扣 1 分 | ★标识规范性以符合国家、省级或本单位统一视觉设计标识系统判断 | 5 |
| | | (24)绿化效果好，绿化区域无黄土裸露、无杂草杂物现象 | 5 | ①绿化植被枯死、绿化区黄土裸露均达到 $1m^2$ 以上的，每发现 1 处扣 0.2 分 | | 5 |
| | | | | ②绿化区域有杂草、杂物，每发现 1 处扣 1 分 | | |
| | | (25)利用有效空间，宣传交通政策法规，倡导文明驾驶、安全出行 | 5 | ①未设置宣传标识，扣 3 分 | ★标识规范性以符合国家、省级或本单位统一视觉设计标识系统判断 | 5 |
| | | | | ②未设置公示栏，扣 2 分 | | |
| | | | | ③宣传标识不规范、不美观、有破损现象，每处扣 1 分 | | |
| | 公共场区部分合计 | | 80 | | | 80 |
| 总得分 | | | | | | 200 |